7°
CIELO

VII

SHABAT
CON EL
RABÍ NAJMÁN
DE BRESLOV

VII

POR
MOSHÉ MYKOFF

TRADUCIDO AL ESPAÑOL POR
GUILLERMO BEILINSON

Publicado por
BRESLOV RESEARCH INSTITUTE
Jerusalem/New York

Segunda edición 2014

Título del original:

7th Heaven
Shabbat with Rebbe Nachman of Breslov

Para más información:
Breslov Research Institute
POB 5370
Jerusalem, Israel.

Breslov Research Institute
POB 587
Monsey, NY 10952-0587
Estados Unidos de Norteamérica.

Breslov Research Institute
c\o G.Beilinson
calle 493 bis # 2548
Gonnet (1897)
Argentina.
e-mail: abei1ar@yahoo.com.ar

Diseño de cubierta: P-B

Dedico esta traducción
a mi esposa
Laura
y a mis hijos
Elisa Sara y **Federico Biniamin**
con amor y agradecimiento

RECONOCIMIENTOS

Muchos me han dado su entusiasmo y consejo en la laboriosa gestación de esta tarea, aunque nadie más que aquél que la concibió: Jaim Kramer.

Agradezco a Jay Knopf, cuyo generoso apoyo permitió que este libro viera la luz del día.

Muchas gracias a las siguientes personas cuyas voces han entrado en este libro de una manera u otra, grande o pequeña: Itzjak Attías, Akiva Atwood, Ozer Bergman, Dave Greenfield, Abba Richman, Esther Rubinstein y Eliezer Shore. A Shaul Magid - donde la mente ve dos, el corazón percibe uno y se inspira.

Mi profundo agradecimiento a Sara Java Mizrahi cuyo magistral trabajo de edición le otorgó estilo y corrección al libro. En esta obra, como en las otras en las cuales hemos colaborado, me acicateó con persistencia para que escribiese de la mejor manera posible.

Mi mayor deuda al escribir este libro es con mi esposa, Elky, por el amor y la paciencia que lo hizo posible y por las incisivas sugerencias que lo mejoraron de manera inconmensurable.

Ofrezco este libro en memoria de mis padres, R. Israel y Rivka Mykoff, y de mis suegros, R. Sheya Leib y Sosi Halpert - cuatro que conocieron muy bien el significado del sacrificio personal en su fiel observancia del Shabat.

MOSHÉ MYKOFF
Día 25 de la cuenta del Omer, 5762
Abril 2002, Ierushalaim

INDICE

III

SHABAT: LA MAÑANA

IV

SHABAT: LA TARDE

V

SHABAT: LA SALIDA

INTRODUCCIÓN

NUNCA ANTES EL SHABAT ha sido tan popular.

Gente proveniente de todos los ámbitos de la vida está descubriendo los maravillosos beneficios que otorga dedicar un día de la semana a "desconectarse" - sin teléfono, sin equipo de sonido, sin computadora - poniendo entre paréntesis todos los *negocios inacabados, abandonando el trabajo y las preocupaciones* de la semana. Los beneficios que se obtienen al "bajar el volumen" del mundo, aunque sea una vez cada siete días, son innegables. Así sea para volver a conectarse con la familia y los amigos, como para hacer una pausa en nuestros itinerarios sobrecargados, para concentrarnos en la maravilla y la belleza de la vida, o para recuperar la energía física y espiritual - el Shabat nos muestra el camino.

Pero hay una dimensión más fundamental y fascinante del Shabat que justifica nuestra atención. Es la dimensión que se relaciona con la santidad inherente que Dios quiso darle a este día cuando lo santificó en el momento de la Creación; la energía espiritual que nos lleva hacia la plenitud y la armonía que sólo el séptimo día puede generar. Aquí descubrimos el alma del Shabat judío.

La necesidad de un día de descanso, de lo que tanto hablan ahora los medios de comunicación, puede indicarnos la dirección correcta, pero sus promocionados beneficios no son muy diferentes en última instancia de aquéllos que podemos derivar de un lunes dedicado a la meditación o de un miércoles de relajación. El Shabat adaptado por la moda y descripto en tantos libros y artículos periodísticos, muy difícilmente nos ayudará a capturar el espíritu y la conciencia singular de este día.

La clave para abrir la dimensión más vital del Shabat es el concepto de *mitzvá*.

La mayor parte de nosotros sabe que las *mitzvot* son "mandamientos", las leyes y costumbres que comprenden aquello que debe y no debe hacerse en la vida judía. Pero este concepto ni siquiera alcanza a rozar la superficie de lo que en realidad son. La palabra hebrea *mitzvá* connota "estar junto" y "conexión". Cuando un hombre o una mujer realizan una mitzvá crean un lazo único con Dios; las leyes rituales y las costumbres son medios a través de los cuales podemos acercarnos a Dios y experimentar Su presencia.

Las mitzvot unen lo individual con lo superior; son actos que comprometen el pensamiento, la palabra y la acción física y son los canales a través de los cuales traemos la Luz Infinita de Dios hacia nuestro universo finito y nuestra limitada conciencia humana. Cada mitzvá, cada acción realizada de acuerdo con la Voluntad de Dios, es una oportunidad más para el contacto primario con la energía espiritual y la conciencia que nutre la vida de nuestras almas.

En el más profundo de los niveles, las mitzvot constituyen antiguos secretos, transmitidos por nuestra tradición a lo largo de las generaciones y destinados a refinar nuestra percepción espiritual, para alinear los micro-elementos de los universos individuales del hombre con los macro-elementos del cosmos. Las mitzvot son unos de los instrumentos más efectivos de nuestro repertorio espiritual diseñados para acceder al marco espiritual interior inherente a toda la Creación. Son también el medio para establecer un diálogo entre nosotros y la realidad cósmica. La energía utilizada en las acciones físicas necesarias para el cumplimiento de las mitzvot, activa energías espirituales paralelas en los ámbitos superiores; cada acto y cada plegaria se transforma en un conducto que nos conecta con Dios, y es a la vez un canal para el descenso hacia el mundo y hacia el hombre de la bendición y el influjo de Dios.

Esto ocurre especialmente durante el Shabat, cuando las mitzvot propias del día son los medios más directos para unir las dimensiones microcósmicas y macrocósmicas del mundo. Mediante las disciplinas de la práctica y de la plegaria encontramos el sendero para experimentar la santidad y la armonía en nuestras vidas. Así sean provenientes de la costumbre o de requerimientos *halájicos*, las mitzvot del Shabat forman el portal a través del cual tomamos contacto con la conciencia y la santidad más elevadas y exclusivas del séptimo día.

Aunque el Shabat está determinado por el tiempo, fijo en el tapiz cósmico y esencialmente libre de las acciones humanas, el hombre juega un papel esencial en los elementos de este día que se manifiestan cada semana. La santidad y la conciencia superior del séptimo día se canalizan hacia el mundo precisamente a través de las acciones del hombre.

Al cumplir con el Shabat nos hacemos colaboradores de Dios en la Creación. Cuando descansamos en el séptimo día y le damos un descanso al mundo que nos rodea, tal como hizo Dios en el primer Shabat, aumentamos la tranquilidad y la armonía en el universo. Al ser conscientes del día y al relacionarlos con él a través de las acciones concretas basadas en las mitzvot, colmamos de santidad y plenitud nuestros universos personales. En la medida en que santificamos el día del Shabat, a través de la cualidad de nuestra conciencia de

Dios y del descanso, influenciamos directamente el caudal del flujo de bendiciones Divinas hacia la Creación.

Para mejorar nuestro cumplimiento de las mitzvot del Shabat necesitamos profundizar la comprensión de su significado y propósito. Una comprensión más profunda nos llevará a una mayor "intención" (*kavaná*), hacia la realización de acciones ejecutadas de manera consciente. Cuanto más nos centremos en el *por qué* del *qué* y *cómo* del cumplimiento de nuestro Shabat, más completa será nuestra experiencia del Shabat, tanto a nivel cósmico como personal.

Este libro está dirigido a brindar ese profundo sentido y conciencia a nuestra observancia del Shabat. Cada uno de sus ensayos ofrece una mirada profunda a cada una de las leyes, costumbres o plegarias que conforman en conjunto el cuerpo de las mitzvot del Shabat.

Existen numerosos textos (y "*sitios*" en Internet) que describen y explican las leyes y las costumbres del día más santo de la semana; aquéllos que están comenzando el aprendizaje de caminar en el sendero del Shabat deberían acercarse al excelente material introductorio que ellos ofrecen. Sin embargo, pocas son las obras que tratan sobre el arte de guardar el Shabat de manera consciente, y menos aún las que exploran la naturaleza de los diferentes marcos temporales del séptimo día o del lugar que ocupa cada mitzvá en el diseño Divino total. Este libro le presenta al lector de habla hispana el propósito y el significado más profundo de un amplio rango de observancias del Shabat. Intenta ofrecer una comprensión en profundidad de las prácticas religiosas tradicionales de este día, dentro del contexto de la micro y macro dinámica de la vida espiritual y busca acercar al lector a la vivencia de cómo las mitzvot del día cuadran dentro del esquema abarcador del elaborado mosaico del Shabat.

INTRODUCCIÓN

Los ensayos presentados aquí se basan en las enseñanzas
e ideas del Rebe Najmán de Breslov (1772-1810) y de las de
su más importante discípulo, el Rabí Natán (1780-1844).
Si bien sus enseñanzas han sido expresadas aquí en un
lenguaje contemporáneo y dentro del contexto de los
tiempos modernos, las profundas percepciones de Torá y de
espiritualidad reveladas por estas grandes luminarias Jasídicas
son tan relevantes en el mundo de hoy como lo fueron hace
dos siglos cuando fueron enseñadas por primera vez.

El primero en pintar un "retrato del Shabat de Breslov"
fue Reb Najmán de Tcherin (m. 1824), importante figura de
la tercera generación de los jasidim de Breslov. Su técnica de
aislar aquéllas secciones de las lecciones del Rebe Najmán y de
los discursos del Rabí Natán que hablan sobre las mitzvot del
séptimo día forman la base del criterio que podrá descubrirse
en estas páginas.

Cada uno de los ensayos de esta obra puede leerse por
sí solo, de modo que el libro no necesita ser leído del principio
al fin; el lector puede abrir en alguna mitzvá en particular del
Shabat que desee explorar. Sin embargo, leerlo de manera
consecutiva brindará una mejor comprensión respecto de
dónde cuadra una determinada mitzvá dentro de la imagen
mayor de Shabat. Cada enseñanza está precedida por una
cita de alguna fuente *halájica* básica detallando una ley judía o
una costumbre, dando así el necesario antecedente para cada
práctica específica. Algunos de los ensayos están acompañados
por un pequeño mensaje inspirador del Rebe Najmán basado
en un tema mencionado en el texto; la conciencia que buscamos
para el Shabat a veces despierta mejor a través de la inspiración
del corazón.

Este libro está dividido en cinco secciones, cada una
de las cuales examina uno de los cinco marcos temporales del

Shabat. El tema predominante de la primera sección "Shabat: La Entrada", es el abandono del marco mental de la semana y la preparación para celebrar el Shabat. La mayor parte de las mitzvot que conforman "Shabat: La Noche", la segunda sección, se relacionan con el ascenso hacia la santidad y hacia la atmósfera contemplativa que se manifiestan con la llegada del Shabat. Las prácticas que conforman "Shabat: La Mañana", la tercera sección, se centralizan primariamente en la expansión de la conciencia. La cuarta sección, "Shabat: La Tarde", resalta el paralelo entre la unidad cósmica en el punto máximo del santo día y la plenitud y armonía que podemos alcanzar a través de la observancia del Shabat. Los ensayos de la quinta y última sección, "Shabat: La Salida", se relacionan mayormente con el hecho de llevar la santidad del Shabat hacia los demás días de la semana, llevando la conciencia superior del séptimo día hacia nuestra "vida diaria".

Si guardar el Shabat es algo nuevo para ti, o si sólo lo has experimentado en su forma popular pero te gustaría profundizar en la comprensión y conexión a través de la mitzvá - este libro es para ti.

Si guardar el Shabat es algo con lo cual creciste, pero nunca te enseñaron el significado profundo de todas las mitzvot y costumbres que debías obedecer, o si nunca te mostraron cómo la observancia del Shabat podía guiarte hacia el crecimiento personal y espiritual - este libro es para ti.

Si guardar el Shabat nunca ha sido parte de tu práctica espiritual, pero te gustaría aprender más sobre el sendero judío hacia la plenitud y la conciencia superior a través de la única observancia ritual mencionada en los Diez Mandamientos - este libro es para ti.

Vivenciamos el espíritu del Shabat como un evento interno que acelera nuestro corazón y nuestra alma. Pero es bueno recordar que el Shabat existe también más allá de nosotros, sobre las montañas, arroyos y ciudades, afectando, también, mundos mucho más elevados y espirituales que el nuestro. En el Shabat, sin excepción, cada parte de la creación se eleva debido a una medida extra de energía espiritual.

Cuando llega el séptimo día miramos al mundo con los ojos de una realidad superior. El Shabat nos ofrece una visión del mundo no como éste es, sino como tiene el potencial de ser; de hecho, tal como será un día - en el Mundo que Viene. Dios nos dio las mitzvot del Shabat para que pudiéramos abrevar en la dimensión espiritual del día. Nos dio estas mitzvot para que podamos experimentar la gran delicia que produce observar el Shabat; una delicia que hizo que nuestros sabios llamaran al séptimo día un "anticipo del Mundo que Viene" – un anticipo del "7° CIELO".

NOTA AL LECTOR:

Los ensayos de este libro se basan en las lecciones del Rebe Najmán que se encuentran en el *Likutey Moharán*, en los discursos del *Likutey Halajot* del Rabí Natán y en *Iekara deShabata* y *Najat HaShuljan* de Reb Najmán de Tcherin. Estas dos obras se han mostrado indispensables para decodificar las enseñanzas Kabalistas que son la base de muchas de las mitzvot del Shabat. Las fuentes de cada ensayo pueden encontrarse en una sección separada al final del libro.

Los términos hebreos son explicados cuando aparecen por primera vez en un ensayo; el lector también puede encontrar estas palabras en el glosario al final del libro.

I

VII

SHABAT: LA ENTRADA

VII

VII

LA ENTRADA
INTRODUCCIÓN

VII

"TENGO UN PRECIOSO REGALO GUARDADO
EN LAS RECÁMARAS DE MI TESORO",
DIOS LE DIJO A MOSHÉ
"SU NOMBRE ES SHABAT.
Y DESEO DARLE ESTE REGALO AL PUEBLO JUDÍO.
VE Y DILES"

(SHABAT 10B)

*P*ara vivenciar el Shabat se requiere de una preparación previa. Dios nos informa con antelación sobre este valioso tesoro con el fin de que podamos estar a tono con él. Es imposible pasar de una posición estática hacia un movimiento ascendente de santidad y este es precisamente el caso cuando se trata de la santidad única del Shabat. Los preparativos que realizamos en honor al séptimo día nos dan el impulso necesario.

Prepararse para el Shabat comprende muchas cosas. Comienza con nuestra expectativa por la venida del Shabat, esperando su llegada desde el momento mismo en que finaliza el Shabat anterior. Este es el significado de la instrucción de la Torá: "Recuerda el Shabat" (Éxodo 20:8). Debemos recordarlo desde el primer día mismo - incluso desde el primer momento de la semana. Shammai, sabio Talmúdico del primer siglo, hacía precisamente esto. Siempre que Shammai comía, recordaba el Shabat. Si durante la semana, veía algún alimento sabroso, lo adquiría y lo guardaba para el Shabat; si luego encontraba otro más apetitoso, comía el primero y guardaba el mejor para el Shabat.

> La persona debe levantarse temprano el viernes a la mañana para preparar todo lo necesario para el Shabat. Aunque uno tenga mucha gente a su servicio, debe ocuparse personalmente de preparar algo en honor del santo día. Así, el Rabí Jisdá picaba las verduras bien finas; Rabah y el Rabí Iosef cortaban leña; el Rabí Najmán ordenaba su casa trayendo aquéllas cosas necesarias para el Shabat y apartando los objetos utilizados durante los días de la semana.
>
> Debemos seguir el ejemplo de estos sabios y no decir: "No me voy a disminuir [mediante una actividad tan insignificante]". Por el contrario es muy digno honrar el Shabat preparando todo para su llegada.(Shuljan Aruj, Oraj Jaim 250:1)

Los preparativos para el Shabat, en su mayor parte, están reservados al día viernes. Las mitzvot que realizamos en preparación del Shabat, tanto las costumbres como los requerimientos *halájicos*, entran dentro dos categorías: la limpieza exterior y la limpieza interior.

En sentido general, la limpieza exterior se relaciona con la preparación de nuestros hogares y nuestros cuerpos; incluye comprar, preparar y probar las comidas que serán servidas en la mesa del Shabat, preparar la mesa del Shabat y vestirse con ropas finas en honor del santo día.

La limpieza interior se relaciona con la preparación de nuestras mentes y corazones, eliminando las cualidades y sentimientos negativos que se adhirieron a ellos por haber estado involucrados con el ámbito material. Estos preparativos incluyen el repaso de la porción semanal de la Torá, la inmersión en la mikve, y el recluirse para meditar con tranquilidad y examinar todas las acciones, palabras y pensamientos de la semana que termina.

Entonces, al caer la tarde, nos separamos de todas las ocupaciones de la semana y nos abstenemos de todo "trabajo" - de toda actividad creativa (*melajá*) prohibida por la Torá durante el Shabat. Recitar las plegarias especiales y los salmos del viernes por la tarde nos da la fuerza para dejar la semana y comenzar a entrar al estado mental del Shabat, dejando atrás nuestras preocupaciones y problemas cotidianos.

En un sentido más amplio, prepararse para el Shabat representa el propósito del hombre en este mundo. Los días de la semana son respecto del Shabat lo que este mundo es respecto del Mundo que Viene - tanto los días de la semana como nuestra existencia en este mundo son etapas preparatorias para algo mucho mayor.

El Talmud establece el principio: sólo aquél que se ha preparado de antemano podrá comer en el Shabat. Esto se aplica tanto en el plano espiritual como en el físico. No podemos esperar disfrutar de todas las maravillosas delicias espirituales del Shabat - la calma interior, la conciencia superior, el sentido de conexión y de unidad – a no ser que nos hayamos preparado durante la semana. Todas las devociones espirituales de este mundo son una preparación para poder recibir el precioso regalo que Dios nos quiere dar: *el regalo del Shabat.* Ⓥ

VII

CARIDAD Y GASTOS: MONEDA ESPIRITUAL

VII

AQUÉL QUE TENGA LOS MEDIOS
DEBERÁ HONRAR EL SHABAT
EN LA MEDIDA DE SUS POSIBILIDADES...
[PERO] SI ALGUIEN NO TIENE NADA
Y DEPENDE DE LA CARIDAD,
LOS ADMINISTRADORES DEL FONDO DE CARIDAD
ESTÁN OBLIGADOS
A DARLE A ESTA PERSONA AL MENOS TRES COMIDAS.

(MISHNÁ BRURÁ 242:1)

UNO DEBE LIMITAR LOS GASTOS SEMANALES
CON EL FIN DE AHORRAR DINERO PARA HONRAR EL SHABAT.
QUE NADIE DIGA,
"¿CÓMO PODRÉ LLEGAR A AHORRAR ALGO?".
POR EL CONTRARIO,
CUANTO MÁS UNO GASTE PARA EL SHABAT,
MÁS TENDRÁ.

(TUR, ORAJ JAIM 242)

*T*odo lo que desea el alma es avanzar en su propio camino, acercándose cada vez más a la Fuente de su sustento espiritual. El Shabat es una catapulta semanal para el alma y puede propulsarnos hacia la dirección en que el alma anhela y necesita ir. Pero para que el Shabat pueda ayudarnos de manera más efectiva, debemos estar preparados para el viaje. Para aprovechar al máximo el empuje ofrecido por el Shabat se requiere que cultivemos las cualidades y las actitudes que hacen que nuestros corazones sean más sensibles espiritualmente.

Durante la semana existen numerosas fuerzas que trabajan para negarnos la vitalidad del Shabat y minar nuestro progreso espiritual. Estas fuerzas afectan ámbitos muy dentro de nosotros, lugares donde somos más vulnerables ética y espiritualmente. Si estos adversarios prevalecen, pueden volvernos indiferentes y espiritualmente insensibles, logrando así separarnos de la vitalidad y de la conciencia deseadas por el alma.

Nuestra actitud hacia el dinero es uno de los aspectos de la conciencia particularmente vulnerable y por tanto especialmente atacado. Cuando caemos atrapados en la rutinaria preocupación por el dinero; cuando nos abatimos por el hecho de no tener suficiente; cuando invertimos toda nuestra energía y todo nuestro pensamiento en ganar más - entonces las fuerzas de la negatividad pueden adscribirse la victoria.

Aun así, ¿qué podemos hacer sin dinero? El dinero es una de las necesidades de la vida y no tenemos más opción que dedicarnos a la búsqueda del sustento.

Más allá de asegurar nuestra seguridad financiera personal, los negocios, conducidos con honestidad y con fe en Dios, son esenciales para el *tikún olam* - la transformación social y espiritual del mundo que lo lleva hacia lo que Dios le tiene reservado. Es nuestra responsabilidad como seres humanos llevar a cabo esta transformación; por lo tanto, en algún nivel *debemos* involucrarnos con las circunstancias que nos compelen a la búsqueda de dinero. Y es precisamente esta imperiosa necesidad de dinero la que les abre el camino a las fuerzas que pueden llegar a minar nuestro desarrollo espiritual.

Prepararnos para el Shabat nos da dos magníficas oportunidades para superar la insensibilidad espiritual generada por la atracción adversa del dinero. La primera es dar caridad a aquéllos que no tienen suficiente dinero para adquirir lo que necesitan para el Shabat o, lo que es lo mismo, invitarlos a nuestra mesa del Shabat. La segunda es utilizar el dinero que hemos ganado para honrar el Shabat comprando y preparando los alimentos más sabrosos, la mejor bebida y las vestimentas más finas que podamos adquirir.

Ambos remedios - compartir nuestros recursos con los demás e invertir nuestro dinero en los gastos especiales del Shabat - elevan el nivel de sensibilidad espiritual de nuestros corazones. Al permitir que los valores espirituales sean los que determinen nuestros gastos, aflojamos el lazo que nos ata al dinero y disminuimos nuestro apego por él. La libertad que obtenemos entonces nos proyecta hacia adelante en la odisea espiritual del Shabat. ⓥ

VII

REVIENDO LA PORCIÓN DE LA TORÁ:
TRANSFORMANDO LO SECULAR EN ESPIRITUAL

VII

TODAS LAS SEMANAS SE DEBE LEER
LA PORCIÓN SEMANAL DE LA TORÁ
[QUE VA A SER LEÍDA EN LA SINAGOGA DURANTE EL SHABAT],
DOS VECES EN HEBREO Y UNA VEZ EN EL TARGUM,
LA TRADUCCIÓN AL ARAMEO.

(SHULJAN ARUJ, ORAJ JAIM 285:1)

AQUÉL QUE NO ENTIENDA EL ARAMEO
PUEDE LEER, COMO "TARGUM",
UNA TRADUCCIÓN DE LA PORCIÓN
EN EL IDIOMA QUE COMPRENDA,
SIEMPRE Y CUANDO LA TRADUCCIÓN INCLUYA COMENTARIOS
BASADOS EN LAS ENSEÑANZAS DE LOS SABIOS.

(MISHNA BRURÁ, IBID.:5)

EL MOMENTO IDEAL PARA ESTO ES EL VIERNES POR LA TARDE,
COMO PARTE DE LA PREPARACIÓN PARA EL SHABAT.

(MINHAGUEI HAARI, INIA NEI SHABAT 9)

*L*as enseñanzas judías identifican tradicionalmente tres facetas distintas de la conciencia humana: sabiduría-*jojmá*, comprensión-biná y conocimiento-*daat*.

Jojmá, sabiduría, es el pensamiento humano manifestado como una profunda revelación, como el proverbial chispazo de luz que nos deja con un sentimiento de intensa maravilla y temor (ver recuadro).

> JOJMÁ comprende todos los principios axiomáticos que definen la existencia. Desde las reglas básicas de la naturaleza, los conceptos fundamentales de la matemática, hasta los elementos fundamentales del conocimiento que subyacen nuestro proceso de pensamiento - todo esto cae bajo la rúbrica general conocida como *Jojmá*, sabiduría.
>
> BINÁ es la expansión y la interconexión de los principios axiomáticos, de la cual surge una estructura lógica o un sistema coherente de leyes. En el campo de la matemática, por ejemplo, si tomamos diez dígitos desde el cero al nueve y, aplicándoles diferentes principios, los procesamos mediante nuestra facultad de comprensión, podemos obtener entonces todo el corpus entero de la matemática (Innerspace, pg.59).

En el ámbito de la conciencia humana, *jojmá* es una "mente pura e indiferenciada" - la tranquila claridad de una mente no dual que percibe todo al nivel de su esencia, y al hacerlo nos permite experimentar un profundo sentimiento de conexión con todas las cosas.

Biná, comprensión, es el procesamiento intelectual de la sabiduría. Es el vientre impregnado por la sabiduría, la tierra fértil que nutre el chispazo de *jojmá* y le permite florecer gradualmente, transformándolo en un complejo organismo de pensamiento (ver recuadro).

En el ámbito de la conciencia humana, *biná* es la "mente que discierne" - la percepción intuitiva de una mente analítica que percibe todo desde una posición de objetividad nacida de la separación y de la distancia.

Daat, conocimiento, la tercera faceta de la conciencia humana, es la síntesis de *jojmá*, sabiduría y de *biná*, comprensión. Podemos describir esta confluencia de una mente indiferenciada con una mente analítica como un pensamiento equilibrado.

En el ámbito de la conciencia humana, *daat* es la "mente integradora" - la capacidad de unir la información axiomática (sabiduría) y llevarla hacia su extensión lógica (comprensión). Si bien las conciencias de *jojmá* y *biná* constituyen el trabajo interno del intelecto, la conciencia de *daat* es su fuerza externa; es la lógica en su forma aplicada. *Daat* es también la habilidad de manifestarles nuestra inteligencia a los demás, de comunicar de manera efectiva nuestros pensamientos internos.

Como vehículo para una profunda e intensa comunicación, la conciencia de *daat* indica el uso eficaz del lenguaje. Esta función esencial se refleja en el concepto del *Targum*, la traducción de la Torá. Para que la Torá pudiera ser comunicada al pueblo de manera efectiva, el hebreo original tuvo que ser traducido al arameo, el lenguaje hablado por la mayoría de los judíos en la época Talmúdica.

El *Targum*, al igual que la conciencia de *daat* es, en su significado más amplio, la manifestación externa del intelecto, pues es la traducción a la expresión diaria de la sabiduría y de la comprensión - del trabajo interno.

Vivimos nuestras vidas absorbidos en la tarea del *Targum*, en la lucha por comunicar de manera efectiva tanto a los demás como a nosotros mismos - y en especial a nosotros mismos – la sabiduría y la comprensión inherentes a la existencia humana. Estamos constantemente dedicados al desafío de la aplicación y de la traducción de los ideales axiomáticos y de las estructuras de la Torá y de la vida en general hacia las realidades poco ideales de este mundo. Sólo con la conciencia de *daat* es posible superar las numerosas contradicciones de la vida, integrando lo que debe ser con lo que es.

También la conciencia del Shabat se presenta sólo mediante la integración de *jojmá* y de *biná*, a través de la conciencia de *daat*. Así como el cuerpo requiere de la limpieza espiritual para permitirnos experimentar la medida de santidad adicional que imbuye todo lo corpóreo durante el Shabat, de la misma manera la mente requiere una preparación espiritual que nos permita experimentar la medida extra de conciencia que impregna el mundo entero durante el séptimo día.

El viernes leemos la porción semanal de la Torá dos veces en hebreo y una tercera vez en arameo. La primera lectura en hebreo corresponde a *jojmá* y la segunda a *biná*, mientras que la tercera lectura en su traducción corresponde a *daat*. Las palabras de la Torá en hebreo, un lenguaje de profunda revelación y de estructura absolutamente coherente, nos preparan para experimentar la conciencia del Shabat. La lectura de la porción semanal en hebreo nos introduce, de maneras que sólo el alma puede percibir, a una conciencia basada en la mente indiferenciada que nos conecta con la esencia de todo lo creado y a una conciencia de la mente analítica que conlleva comprensión y percepción intuitiva.

Pero sin la tercera lectura en la traducción aramea de la Torá nuestra preparación queda incompleta. Si bien el idioma hebreo le habla al aspecto más profundo de la mente, no se comunica sin embargo con los aspectos externos - con aquéllos elementos cuya diaria interacción con este mundo les hace enfrentar las realidades nada ideales de la vida. Sólo con la conciencia de *daat*, el *Targum* de la Torá, se obtiene el poder para liberar por completo a la mente de su conciencia y preocupación semanal. Sólo con la conciencia de la mente integradora somos capaces de dirigir nuestros pensamientos desde lo mundano y secular hacia lo espiritual y Divino.

Con la conciencia equilibrada que obtenemos al integrar las palabras hebreas de la Torá con las palabras del *Targum*, la lectura de la porción semanal de la Torá del día viernes pone en movimiento el *tikún* que ha venido siendo nuestra tarea desde la existencia del primer ser humano en el primer viernes de la Creación: colmar nuestras mentes - y a través de nuestras mentes, llenar todo en el mundo de Dios con la conciencia superior del Shabat. ⓥⅡ

VII

CORTAR
LAS UÑAS:
PULIENDO
UNA EXISTENCIA
MÁS PERFECTA

VII

Es una mitzvá
cortarse las uñas en honor al Shabat
durante el día viernes.

(Shuljan Aruj, Oraj Jaim 260:1)

Cuando Dios expulsó a Adán y a Eva del jardín del Edén por haber comido del Árbol del Conocimiento del Bien y del Mal, les retiró las vestimentas de luz pura con las que habían estado cubiertas sus almas. Dios los recubrió entonces con una capa de piel cuyo brillo, un débil resabio de su luz original, parecía el brillo de las uñas humanas. La materialidad de sus nuevas vestimentas testimoniaba el inevitable decaimiento del cuerpo; se había perdido la oportunidad de la inmortalidad humana en este mundo.

Los Kabalistas explican que el cambio de las vestimentas originales de Adán y Eva por la cobertura de piel similar a las uñas era un mensaje de Dios: al comer del fruto prohibido, estos representantes de la humanidad habían ingerido el mal transformándolo en una parte intrínseca de su propio ser. Habían hecho que la tarea de la humanidad de separar el bien del mal se volviese una lucha *interior*. Mientras que antes esta lucha se relacionaba con sus vidas en la medida en que encontraran el mal fuera de ellos mismos, ahora, el más importante campo de batalla donde se llevaría a cabo esta guerra sería en el cuerpo, en el corazón y en la mente.

Una vez que el bien y el mal se mezclaron inexorablemente dentro del hombre, su esencia misma se encontró plena de contradicción. La verdad - originalmente patente y definida – se nubló y se manifestó incompleta. Las diferencias entre lo correcto y lo incorrecto, entre lo puro y lo impuro - inicialmente absolutas y evidentes - se volvieron relativas y plenas de ambigüedad. El mal - originalmente personificado en la manifestación externa de la serpiente - se transformó en la voz interior del impulso y el deseo físico. El oscurecimiento de la luz pura atestiguaba la disminución de la conciencia de Dios, producto del pecado de los primeros seres humanos; la presencia de Dios ya no podía ser detectada en el mundo sin antes superar tremendos obstáculos. Las vestimentas, similares a las uñas de los primeros humanos, significaban la oscuridad de esta lucha interior entre el bien y el mal.

Hoy en día nuestros cuerpos son mucho más materiales que los de Adán y Eva. Nuestras mentes y corazones también luchan por recobrar la claridad y la conciencia perdidas tiempo atrás. Las uñas en nuestras manos y pies - los últimos vestigios de esas vestimentas similares a las uñas – testifican sobre una perdida aún mayor, la de una vitalidad y un espíritu de vida que ya no son nuestros. Siendo una sustancia muerta, las uñas simbolizan nuestra falta de vida - aquéllas partes de nuestra personalidad que han dejado de crecer espiritualmente. Esto se aplica especialmente al borde de las uñas, pues dado que se extiende más allá de la punta de los dedos, es algo externo al cuerpo y no contribuye en nada a su funcionamiento.

De no ser descartados, los elementos muertos de nuestra vida - una relación que ya no es saludable, un comportamiento que ya no es útil - drenan nuestra energía y nuestro espíritu de vida y detienen el crecimiento espiritual.

El Shabat es la chispa que impulsa nuestro crecimiento espiritual y rejuvenece el espíritu de vida. El Shabat es nuestro lazo de unión constante con el mundo eterno, el mundo que habitaron Adán y Eva antes de que Dios los expulsase del jardín. En el Shabat podemos alejarnos de nuestro compromiso en el ámbito de lo material y lo mundano para concentrarnos en el aspecto espiritual de la vida. La tranquilidad que nace de la liberación de la tiranía de las demandas de la vida diaria mitiga nuestras contradicciones internas.

En la calma del Shabat, la verdad se vuelve más evidente; la diferencia entre el bien y el mal se hace más patente y los obstáculos para percibir la presencia de Dios se vuelven menos formidables. El Shabat es la posibilidad - al menos durante una noche y un día - de sentir lo que era la vida antes de que nuestras almas perdieran sus vestimentas de luz.

Nos cortamos las uñas como preparación para esta experiencia. Retirar la materia sin vida de nuestros cuerpos genera una separación entre el bien y el mal y elimina este elemento que nos recuerda nuestra mortalidad, que comenzó cuando Adán y Eva comieron del Árbol del Conocimiento. El acto de cortarnos las uñas sirve por tanto como una limitada rectificación de su pecado. Retirar una porción de la muerta negatividad que rodea nuestra semana nos permite redescubrir en el Shabat la chispa y la vitalidad de una existencia más perfecta. ⬤

ALEGRÍA DEL SHABAT

Fíjate en la falta de entusiasmo que acompaña a las mitzvot de la semana; es una señal del modo poco inspirado y carente de vitalidad con que realizamos tantas de nuestras buenas acciones y devociones.

Disipa el letargo semanal preparándote para el Shabat. Infunde en tus preparativos la extraordinaria alegría del Shabat. Entonces los senderos que llevan hacia Dios se abrirán para recibir tus mitzvot – incluso aquéllas que están lejos de ser perfectas debido a tu falta de entusiasmo.

(*Likutey Moharán* I, 277; II, 2:5).

VII

EL BAÑO Y LA INMERSIÓN EN LA MIKVE:

A TRAVÉS DEL FUEGO Y DEL AGUA

VII

*En preparación para el Shabat,
es una mitzvá bañarse con agua caliente,
o al menos lavarse la cara, las manos y los pies.*

(SHULJAN ARUJ, ORAJ JAIM 260:1)

*Luego de leer la porción semanal de la Torá
dos veces en hebreo y una en el Targum,
el Rabí Itzjak Luria (notable Kabalista de Safed
del siglo XVI, conocido como el santo Ari)
se sumergía en la mikve.*

(MINAGUEI HAARI, INIANEI SHABAT 9)

El alma y el cuerpo son socios en vida, unidos dentro del ser dinámico que llamamos ser humano. Juntos comparten esta empresa, al final de la cual son separados temporalmente, sólo para volver a reunirse más tarde por toda la eternidad.

El cuerpo es la vestimenta externa del alma, el medio a través del cual el espíritu se relaciona con el mundo físico. Pero el cuerpo se inclina decididamente hacia el lado material de la vida; y arrastra el alma detrás de sí. Aunque el alma es elevada, su asociación con el cuerpo puede hacer que quede atrapada en el mundo material.

El alma, la esencia interior de la humanidad, es el medio a través del cual el cuerpo se une con los ámbitos del espíritu. El alma anhela siempre acercarse a la Fuente de su sustento espiritual; un beneficio que debe ganar recorriendo con éxito los senderos mundanos que llevan hacia Dios. El alma necesita para esto de su socio, del cuerpo. Y aunque la naturaleza física de la persona es la dominante en este mundo, el cuerpo puede ser "espiritualizado" y entrenado para seguir la dirección del anhelo del alma.

El estruendo de la constante batalla entre la realidad material y la realidad espiritual retumba durante toda la semana. Lo conocemos a través de los mensajes contradictorios que recibimos desde nuestro interior; lo reconocemos en el variado repertorio de caracteres que aparecen en el escenario de nuestras personalidades: el domingo somos santos, el lunes, mundanos; el miércoles necesitamos tener los últimos equipos de entretenimiento, el jueves nos alegramos con las bendiciones que tenemos. Salvo que hayamos trabajado muy duro para mantenernos conectados con el anhelo de nuestras almas, son nuestros deseos materiales, en general, los que dominan.

El Shabat es un quiebre en esta constante batalla.

7° Cielo

Al acercarse el Shabat, el alma de todo lo que existe se dispone a elevarse un peldaño - o muchos peldaños - en la escala de la santidad que lleva hacia la Divinidad. Pero hay una condición que debe cumplirse y de la cual depende la entrada a este canal espiritual: el cuerpo debe estar preparado para unirse con el alma en este viaje. Debe estar limpio de las influencias mundanas y de las tentaciones que lo arrastran durante toda la semana.

Esta es la razón profunda por la cual nos bañamos con agua caliente el viernes por la tarde, y es el motivo por el cual algunas personas se sumergen en la mikve - un baño purificador especial. El agua contrarresta los efectos dañinos de nuestra inmersión semanal en la "plaza del mercado", en su demanda de competencia, de alta productividad y de los adornos del éxito.

El fuego y el agua son las fuerzas elementales que utilizamos para esta limpieza espiritual.

El "fuego" se encuentra en el agua caliente que usamos para bañarnos en preparación para el Shabat; en el elemento del fuego se encuentra el misterio de *lo similar cura lo similar*. El calor del agua quema el calor intratable de la rabia y de la ansiedad que se nos han apegado durante la semana.

El "agua" está en la mikve, donde nos sumergimos. Allí encontramos el misterio de la pureza. Durante el corto tiempo en que nuestros cuerpos se mantienen sumergidos bajo la superficie de la mikve, sus aguas de pureza limpian el nerviosismo y los sentimientos de alienación que se nos han apegado a lo largo de la semana.

Con esta preparación, lo material y lo espiritual en nuestro interior hacen un alto en su batalla semanal por el dominio; el cuerpo y el alma están dispuestos a trabajar en conjunto como verdaderos socios, para alcanzar el crecimiento espiritual que inspira el Shabat.

CUERPO Y ALMA

La medida adicional de santidad que desciende con la llegada del Shabat es algo generado desde Arriba. En el séptimo día toda la creación asciende hacia un plano espiritual superior sin necesidad de un esfuerzo desde abajo.

Sin embargo nosotros podemos influir en el alcance de ese ascenso a nivel personal. En particular, podemos afectar el nivel de nuestro avance hacia ámbitos superiores. El nivel que cada uno de nosotros – el conjunto de cuerpo y alma - alcance en el Shabat está determinado por la medida de nuestra preparación: por el grado en el que hemos introducido la santidad en nuestras vidas durante el curso de la semana.

Aunque te encuentres sumergido con cuerpo y alma en los asuntos mundanos, sin pensar siquiera en una conexión con lo espiritual, la santidad adicional del séptimo día aumentará tu capacidad de crecimiento espiritual. Aun así, esto no puede compararse con el crecimiento que puedes experimentar durante el Shabat si has hecho el esfuerzo de crecer espiritualmente durante la semana.

(*Likutey Halajot, Eruvei Tejumim* 5:39)

VII

VESTIMENTAS ESPECIALES:
ALGO APROPIADO PARA EL SHABAT

VII

LA PERSONA DEBE TENER
VESTIMENTAS ESPECIALES PARA EL SHABAT...
INMEDIATAMENTE DESPUÉS DEL BAÑO,
Y EN HONOR AL DÍA,
UNO DEBE PONERSE LAS ROPAS DEL SHABAT.

(SHULJAN ARUJ, ORAJ JAIM 262:2,3)

Nos afanamos por obtener una educación, por lograr una carrera, por establecer un hogar, por tener éxito material y por garantizarnos una seguridad para nuestra vejez. En el camino nos vestimos con las ambiciones materiales y con los apegos mundanos. Confeccionadas a partir de la tela de la envidia, de la avaricia y el engaño, estas ropas con las cuales modelamos nuestro guardarropa semanal no son precisamente las que uno debe vestir en honor del Shabat.

Las necesidades que satisfacemos durante la semana son en general artificiales, encandilados como estamos por la noción de poseer. Incluso cuando nos volvemos consciente de lo andrajoso de nuestras vestimentas de ambición y de apego material - del vacío espiritual que imponen en nuestras vidas - no siempre somos capaces de liberarnos de su influencia.

Pero el viernes a la tarde es diferente. Con la semana laboral a punto de acabar, ahora es el momento propicio para cambiar nuestra apariencia. Limpiar el tizne semanal consiste en deshacerse de la envidia, de la avaricia y del engaño que se nos han apegado. Estas vestimentas andrajosas no son en absoluto apropiadas para el Shabat, pues ahora nuestro objetivo es vestirnos con las "ropas limpias" de la tranquilidad, de la satisfacción y de la integridad - vestimentas hermosamente apropiadas para el Shabat. ⬤

VII

PROBANDO
LA COMIDA:
EL MUNDO DE
LA VIDA GENUINA

VII

*ES COSTUMBRE DURANTE EL VIERNES A LA TARDE
PROBAR CADA UNO DE LOS ALIMENTOS
PREPARADOS PARA EL SHABAT,
PARA ASEGURARNOS DE QUE ESTÉN
APROPIADAMENTE COCINADOS Y SABROSOS.*

(MISHNA BRURÁ 250:4)

*TODO AQUÉL QUE PRUEBE LAS COMIDAS
PREPARADAS PARA EL SHABAT
MERECE UNA VIDA GENUINA.*

(MINAGUEI HAARI, INIANEI SHABAT 12)

"Una vida genuina" - es la alegría más intensa que se pueda experimentar.

El deleite infinito que será nuestra recompensa en el Mundo que Viene es algo que, en general, no podemos sentir en este mundo. Nuestra naturaleza física nos impide experimentar lo eterno, aquello que se encuentra fuera de los límites del tiempo y del espacio. Limitadas por la insensibilidad espiritual de nuestros cuerpos, las antenas de nuestros cinco sentidos son incapaces de sintonizar la banda en la cual emite el infinito. Incluso nuestras almas, si bien apropiadamente sintonizadas con las señales transmitidas desde el Mundo que Viene, tienen bloqueada su recepción debido a la interferencia y a la estática de este mundo.

Sin embargo, en el Mundo que Viene desaparecen las limitaciones del tiempo y del espacio que definen la realidad corpórea. Allí no existe la estática de la vida que interfiere con nuestra recepción; sólo experimentamos una vida genuina, una existencia de placer sin fin y de ilimitado deleite.

Durante el Shabat podemos tener una vislumbre del deleite del Mundo que Viene incluso en este mundo. El Talmud enseña que todo aquél que se deleita en el Shabat es recompensado con una bendición sin límites. Esta bendición entra en nuestras vidas a través de la *neshamá iterá*, el "alma adicional" - una medida extra de energía espiritual que se hace nuestra durante el Shabat. Es una clase de "sexto sentido" que nos permite trascender las limitaciones de los cinco sentidos y saborear el deleite del Mundo que Viene.

Mediante la ilimitada bendición del Shabat, nuestro mundo corpóreo se imbuye de una extraordinaria medida de santidad. Hasta los placeres físicos del Shabat – en especial la comida y la bebida de las tres comidas del Shabat - tienen el sabor de la delicia infinita que nos espera en el Mundo que Viene.

Al probar la comida del Shabat el viernes a la tarde, asegurándonos de que esté apropiadamente cocida y sabrosa, nos preparamos, incluso dentro de nuestra realidad finita, para la ilimitada bendición de una delicia sublime e infinita. La medida de santidad que esta bendición les otorga a los aspectos corporales de nuestra existencia nos permite silenciar la interferencia y la estática de la vida. Nuestras almas son capaces entonces de recibir las poderosas señales emitidas desde el Mundo de una Vida Genuina. ⓥⓘⓘ

EL PROPÓSITO DE LA CREACIÓN

Todo tiene un propósito y cada propósito tiene a su vez un propósito, y así en más. El propósito de cada faceta de la creación, su objetivo y perfeccionamiento, se origina como un pensamiento en la mente. Así, aunque el propósito de algo sólo se alcance al final, su objetivo está de hecho "más cerca" del pensamiento original que los muchos pasos que llevaron a implementarlo y que culminaron con su realización.

El propósito de la Creación fue el Shabat. Si bien último en el orden de la creación, el Shabat completó y fue el objetivo por el cual Dios trajo todo lo demás a la existencia. El Shabat está así más "cerca" del Pensamiento original de Dios que todo lo demás que lo precedió en la creación. El propósito del Shabat es el Mundo que Viene, el Mundo del Eterno Shabat. En el Mundo que Viene, no habrá nada que obstruya ni oscurezca nuestra percepción de Dios. Todos seremos capaces de apuntar con el dedo y decir, "*Éste* es Dios". Y *eso* - nuestra íntima asociación con Dios - es el propósito del propósito de la Creación.

(*Likutey Moharán* I, 18; 11, 39)

43

VII

PREPARANDO LA MESA:
SENESCALES DE LA REINA

VII

LA PERSONA DEBE DISPONER LA MESA, HACER LAS CAMAS Y PREPARAR TODA LA CASA DE MODO QUE AL RETORNAR DE LA SINAGOGA ENCUENTRE EL HOGAR ARREGLADO Y EN ORDEN.

(SHULJAN ARUJ, ORAJ JAIM 262:1)

El viernes a la tarde el aire está cargado de una alegre expectativa. Estamos preparando un gran banquete y disponiendo nuestras mesas con una ornamentada copa de kidush, con hermosos y brillantes candelabros y con nuestros más finos manteles y cubiertos - todo en honor de la "Reina Shabat", el influjo de realeza que está por agraciar nuestros hogares.

La Kabalá asocia este influjo de realeza con *Maljut*, la emanación espiritual, o *sefirá*, a través de la cual se difunde en el universo la Soberanía de Dios. *Maljut*, la última de las siete emanaciones inferiores, es sinónimo de Shabat, el séptimo día de la semana. Es *Maljut* la que se encuentra en interfaz con nuestro mundo, afectando y siendo afectada por las acciones del hombre.

Debido a su fuerte y directa conexión con nuestro mundo, *Maljut* está sujeta durante la semana a la influencia de las fuerzas que se encuentran fuera del ámbito de la santidad. Sin embargo, con la llegada del Shabat, *Maljut* se libera de las influencias mundanas. Asciende hacia ámbitos superiores y se alinea con las otras emanaciones espirituales; colocando en su lugar el último eslabón del canal espiritual que transmite la bendición Divina.

La mesa real que disponemos para la Reina Shabat es análoga a la Mesa de oro ubicada en la sección norte del Santuario en el Santo Templo. La Mesa del Templo, que sostenía el característico pan sacerdotal, unía al pueblo judío con las energías cósmicas de bendición Divina que traen prosperidad material al mundo.

Hoy en día, el acto de disponer nuestras mesas del Shabat de modo que reflejen riqueza y realeza - reflejando la inminente elevación de *Maljut* hacia la riqueza espiritual - nos une a esas mismas energías cósmicas. Más significativo aún, ello nos conecta con el elevado ámbito de *Maljut*, de la Soberanía. Preparar el banquete real nos transforma en miembros del entorno real, en los senescales personales de la Reina Shabat. Cuando nos identificamos con ello, el ascenso de la Soberanía a los ámbitos más elevados durante la noche del viernes se refleja también en nuestro "ascenso" - nos sentimos elevados, regocijados y alineados con el fluir cósmico. Ⓥ

VII

LA PLEGARIA PERSONAL:
EL EGO EN LA HOGUERA

VII

¿CÓMO HONRARLO?
LUEGO DE BAÑARSE EN AGUA CALIENTE...
UNO DEBE SENTARSE, ATENTO,
DISPUESTO A RECIBIR EL SHABAT.

(RAMBAM, LEYES DEL SHABAT, CAP.30)

CADA VIERNES,
UNO DEBE EXAMINAR SU COMPORTAMIENTO
DE LA SEMANA Y ARREPENTIRSE
DE TODA MALA ACCIÓN.

(KITZUR SHULJAN ARUJ #72:15)

Durante toda la semana el ego se manifiesta como una fuerza dominante en nuestras vidas. Los rasgos que afirman nuestro yo, tales como la ira, los celos y la arrogancia, minan constantemente nuestro crecimiento espiritual. Nos obligan a una conciencia centrada en el ego que impide nuestro servicio a Dios con todo el corazón y con una entrega total. Atrapados en sus redes, debemos invertir un tremendo esfuerzo para mantenernos centrados espiritualmente y continuar en la senda de nuestro trabajo interior.

La manera más efectiva para contrarrestar los obstáculos basados en el ego y que se enfrentan a nuestro crecimiento espiritual, es el "fuego" de la autocrítica consciente. Este fuego es el fervor que encendemos en nuestros corazones, el entusiasmo que anima el trabajo en nuestro ser espiritual. Esto sucede cuando practicamos *hitbodedut* - cuando nos tomamos el tiempo de examinar todas nuestras acciones, palabras, emociones y pensamientos a través de una meditación recluida y de una plegaria personal a Dios.

El viernes por la tarde, al acercarse el Shabat, culmina nuestro *hitbodedut* semanal. Ya nos hemos bañado con agua caliente para "quemar" en nuestros cuerpos las influencias indeseables de la semana; de manera similar, al sumergirnos en *hitbodedut* quemamos las impurezas espirituales que nos impone el ego.

Si durante toda la semana, mediante nuestra meditación en *hitbodedut*, hemos estado enfrentando a este enemigo de nuestro crecimiento espiritual, ahora, el viernes a la tarde, la batalla está llegando a su fin. Sentados en recluida reflexión y plegaria, podemos sentir en la calma que comienza a expandirse un progresivo apagarse de la constante definición del ego: "yo, mí, mío", que engloba tanto del objetivo de la vida contemporánea.

Si hemos llevado a cabo apropiadamente nuestro trabajo interior, el ego aflojará su lazo. El fervor que hemos despertado en nuestros ejercicios de autocrítica durante la semana puede sentirse ahora como una llama de compasión y humildad en nuestros corazones. Esta llama funde hasta los más sutiles remanentes de nuestra conciencia centrada en el yo, preparándonos para la odisea del Shabat. ⑦

LOS OJOS DEL SHABAT

Cuando vemos la vida con los ojos de la semana, percibimos a los demás como si valiesen menos de lo que realmente valen, a la vez que nos vemos a nosotros mismos como más de lo que en verdad somos.

Pero cuando vemos la vida a través de los ojos del Shabat, reconocemos la imagen de Dios, tanto en nosotros mismos como en los demás. También reconocemos el verdadero valor de los logros de los demás y la genuina medida de nuestro propio valor.

*

Enseña nuestra tradición: la humildad - esa fracción de uno mismo que no está intoxicada por su propia importancia - es la faceta de la persona que recibirá el privilegio de compartir el Mundo que Viene.

Nuestra existencia diaria demanda que "hagamos algo" con nosotros mismos y que "seamos alguien". Tales ambiciones nos impiden experimentar en nuestra propia vida los deleites de ese mundo eterno e infinito. Pero todo aquél que contempla la vida a través de los ojos del Shabat puede reconocer quién es en realidad y a partir de allí construir su humildad. El deleite del Shabat nos da así un anticipo del Mundo que Viene incluso en este mundo.

(*Likutey Moharán* II, 67, 72).

VII

EL CANTAR DE LOS CANTARES:
UN SONIDO ORIGINAL

VII

EN ALGUNAS CONGREGACIONES ES COSTUMBRE
RECITAR EL CANTAR DE LOS CANTARES
EL VIERNES A LA TARDE
[ANTES DE RECITAR LA PLEGARIA DE MINJA].

(KITZUR SHULJAN ARUJ #72:11)

*T*odo en la creación de Dios tiene una melodía distintiva, un ritmo, un pulso vital que le es propio. Esto ocurre especialmente con la humanidad. Cada uno de nosotros posee una canción que canta en este mundo, una balada que le es única.

Los sonidos producidos por las notas y los acordes de todas las canciones del mundo pueden dividirse en dos clases: un "sonido original" y un "sonido reflejo". El "sonido original" es un sonido claro y directo que creamos en un espacio abierto, así sea con nuestras voces o con algún instrumento musical. En un nivel más profundo, es el tono de satisfacción que subyace todas nuestras canciones de alegría y de regocijo. El "sonido reflejo" es una resonancia, como el eco que escuchamos en un bosque o entre las altas montañas. Es el tono de la deficiencia y de la imperfección que subyace a todas nuestras canciones de tristeza y desesperanza.

La mayor parte de nuestras canciones personales, y de hecho la mayor parte de las canciones de este mundo, son una manifestación del sonido reflejo. Muy pocas son las canciones compuestas por el sonido original. Tanto en su texto como en sus melodías, las baladas de nuestras vidas cuentan en general sobre la frustración y el remordimiento: de los talentos perdidos, de las oportunidades desaprovechadas, de las aspiraciones inconclusas o del amor no correspondido.

Pero no siempre tenemos que cantar en tono triste. Podemos cambiar nuestras melodías; podemos transformar las canciones de este mundo, transformando la tristeza en alegría y la desesperación en regocijo. El primer paso es reconocer el verdadero origen del sonido reflejo.

El sonido reflejo sólo da la impresión de tener una existencia independiente, como los ecos de nuestras voces que parecen provenir de algún otro lugar, lejano, pero que de hecho se originan en nosotros mismos. Pues así como no puede haber eco sin un sonido original que lo haga vibrar, tampoco puede haber un sonido reflejo que no haya comenzado con un sonido original. Todos los sonidos reflejos en las canciones de este mundo que expresan tristeza e imperfección comenzaron como el sonido original de la alegría y la plenitud. Éstos eran los susurros de talento, de oportunidad, de aspiraciones y de amor que fueron nuestros potencialmente. Pero muchos de estos susurros nunca se desarrollaron. Con el pasar del tiempo, las realidades de la vida nos los devolvieron como los murmullos y los ecos vacíos de tantos "podrían haber sido". Reconocer que el sonido reflejo surge del sonido original - que pese a todas nuestras derrotas y sin importar cuántos años y anhelos hayan pasado, nuestro potencial original nunca se pierde - éste es el primer paso en la transformación de las canciones de este mundo.

Recitar el Cantar de los Cantares precisamente antes de la llegada del Shabat nos otorga la inspiración y la comprensión para reconocerlo. Podemos entonces comenzar a componer canciones de plenitud, la música de nuestro propio sonido original.

El Cantar de los Cantares es una canción de un mundo superior. No habla de la imperfección y de la carencia, sino del amor realizado y de la satisfacción plena:

> *Habla mi amado y me dice:*
> *"¡Levántate, amiga mía, hermosa mía y ven!*
> *Porque ha pasado el invierno;*
> *La lluvia se ha acabado y se ha ido;*
> *Las flores se ven en la tierra:*
> *el tiempo del cantar ha llegado*
> *y la voz de la tórtola se oye en nuestra tierra".*

(Cantar de los Cantares 2:10-12)

Lo cantamos en preparación para el Shabat, para recordar que el Shabat también nos lleva a un mundo de plenitud y satisfacción. Al igual que el Cantar de los Cantares, la sinfonía del Shabat surge del sonido original - sus fascinantes sonidos están para recordarnos que nuestro potencial para la plenitud, no importa cuán silencioso esté, nunca nos abandona. 🕎

HABLAR EN EL SHABAT

El hablar del Shabat es un hablar santo.

Durante la semana hablamos de riqueza y de dinero, de preocupaciones y de necesidades. Nuestras palabras durante la semana proclaman la imperfección: casi siempre nos centramos en lo que nos falta o en lo que aún debemos lograr, cómo nos gustaría que fuesen las cosas más que como lo son.

Pero cuando hablamos de las bendiciones de la vida y de la alegría - las palabras del Shabat - hablamos de satisfacción, de contento. Cuando hablamos de construir nuestras almas y de acercarnos a Dios - un hablar santo - hablamos de plenitud, de perfección. De hecho, el habla misma alcanza la perfección en el Shabat.

Y cuando llevamos el habla del Shabat a los días de la semana, le damos a la imperfección cotidiana de nuestras vidas una nueva medida de perfección.

(*Likutey Moharán* I, 66:3).

53

VII

EL SALMO 107
Y
LA PLEGARIA
DE MINJA:
LIBERADO
DEL PELIGRO

VII

EL BAAL SHEM TOV INSTITUYÓ LA PRÁCTICA
DE RECITAR EL SALMO 107 TODOS LOS VIERNES A LA TARDE
ANTES DE LA PLEGARIA DE MINJA.
ESTE SALMO, HODU LA HASHEM
("ALABAD A DIOS"),
HABLA DE LAS CUATRO CATEGORÍAS DE PERSONAS
QUE DEBEN AGRADECER Y ALABAR A DIOS
POR HABER SIDO LIBERADAS DEL PELIGRO.

(MEOR EINAIM, BESHALAJ)

*E*l día del Shabat está pleno de una amplia e inalterada bondad. Para acceder a su espíritu debemos abandonar y dejar de lado todas nuestras preocupaciones y problemas, aceptando que, por un período de veinticinco horas, todo será exactamente como debe ser. Debemos alejarnos de todo aquello que nos ata y nos arrastra hacia las tareas inconclusas, centrando nuestra energía en la apreciación e incluso en la celebración de lo que tenemos en la vida. Si nuestra meditación nos permite liberarnos de todo eso, comenzaremos entonces a adentrarnos en el espíritu del Shabat.

Es por esto que recitamos el Salmo 107 antes de la plegaria de *Minja* del viernes a la tarde. Esta es la plegaria de transición que nos lleva a través del umbral que separa el Shabat de los demás días de la semana. Todo el sufrimiento que debemos soportar en esta vida, incluso, y en especial, el sufrimiento espiritual de nuestras almas, está representado en las cuatro categorías de personas a las cuales se hace referencia en este Salmo y las que Le deben un especial agradecimiento a Dios: aquéllos que han atravesado el desierto, los liberados de la prisión, aquéllos que recuperaron la salud luego de una enfermedad y los que cruzaron el mar.

Cuando las fuentes de nuestra vitalidad espiritual se han secado, cuando el alimento espiritual que nutre nuestras almas ya no parece fresco, nos sentimos perdidos en un desierto. Cuando la imagen personal y la reputación que alguna vez nos definieron se han vuelto opresivas, cuando tememos cambiar el puesto o el trabajo que alguna vez fueron gratos pero que ahora ya no nos satisfacen, nos sentimos atrapados y prisioneros. Cuando nuestras almas sufren desasosiego, cuando la ansiedad y la melancolía plagan nuestro espíritu, nos sentimos abrumados por la enfermedad. Cuando nuestras mentes no pueden encontrar descanso, cuando nuestros pensamientos son arrastrados por las olas de la confusión, nos sentimos a la deriva, en medio del mar.

Es imperativo clamar a Dios ante cada sufrimiento. Pero hay veces en que las preocupaciones y los problemas de la semana son tan abrumadores que nuestros corazones se cierran y hasta nos es imposible clamar. La única esperanza que tenemos es agradecer y alabar a Dios con toda la sinceridad que podamos expresar, por todos los favores que Él hace constantemente y por las maravillas que siempre nos rodean. Incluso en medio de nuestro sufrimiento, cuando Sus favores y maravillas están ocultos, debemos buscar e identificar las maneras en que Dios está aliviando nuestra carga - y también agradecerLe por eso.

Reconocer a Dios en nuestras vidas y descubrir que Su bondad está siempre presente nos da la fuerza para comenzar a clamar. Entonces debemos continuar llamando, con la confianza de que Él nos liberará por completo de nuestro sufrimiento. En esta confianza de que Dios responderá a nuestros pedidos, podemos descubrir y extraer la fortaleza para liberarnos de los sentimientos que nos quitan la vitalidad, que nos atrapan, nos deprimen o nos confunden.

El Salmo mismo manifiesta esta fórmula. Al referirse a cada una de las cuatro categorías de personas que han sido salvadas, insta a todos aquéllos que han sido liberados del peligro y de la zozobra a agradecer y alabar a Dios, y a clamar:

Hodu laHashem, *Agradeced y alabad a Dios,*
porque Él es bueno; Su amor es eterno.
Que aquéllos que han sido liberados,

aquéllos que Él ha redimido de la adversidad, declaren...
En su angustia aclamaron a Dios.
Y Él los rescató de sus aflicciones.

El momento ideal para el recitado de este Salmo es la víspera de la llegada del Shabat. Es muy fácil perderse en las complicaciones de la vida durante los seis días de la semana, en el torbellino de la existencia cotidiana, de una semana tras otra, en la cual luchamos por adquirir, por lograr, por sobrevivir. Inevitablemente esta lucha nos lleva a una horda de dificultades y frustraciones, que sólo podemos trascender agradeciendo a Dios y clamando ante Él.

Al emerger de los peligros físicos y espirituales inherentes a los días de la semana, hacemos todo lo posible para infundir dentro de nosotros mismos el espíritu del Shabat. AgradecerLe a Dios y luego clamar nos da la fuerza para abandonar y dejar atrás nuestras preocupaciones y problemas, reemplazándolos con pensamientos de alegría y de bondad - con el incomparable espíritu el Shabat.

Los justos verán y se alegrarán...
Todo aquél que sea sabio tomará nota de estas cosas;
ellos comprenderán las bondades de Dios.

VII

VII

ABSTENERSE DE LABORES CREATIVAS:
RESTAURANDO LAS CHISPAS

VII

LAS TREINTA Y NUEVE CATEGORÍAS DE MELAJÁ,
DE LABOR CREATIVA PROHIBIDA EN EL SHABAT,
SE DERIVAN DE LA CONSTRUCCIÓN DEL TABERNÁCULO.

(SHABAT 49B)

UNA DE LAS TAREAS PROHIBIDAS Y
POR LA CUAL LA PERSONA ESTÁ SUJETA AL CASTIGO,
CORRESPONDE A LA SEPARACIÓN DE ALIMENTOS COMESTIBLES
DE AQUÉLLOS QUE NO LO SON,
O A LA SEPARACIÓN DE UNA COMIDA DE LA OTRA.

(SHULJAN ARUJ, ORAJ JAIM 319:1-2)

*E*n el comienzo mismo del tiempo, Dios envío Su Luz para llenar los diez recipientes espirituales, las *Sefirot*, que Él creó para diseminar Su voluntad en el universo. Esta Luz era demasiado intensa para que las vasijas pudieran retenerla, de modo que éstas se quebraron, derramando sus chispas, las chispas de santidad, por toda la Creación. Este cataclismo cósmico, conocido en las enseñanzas Kabalistas como "la ruptura de los recipientes", dio lugar a la segunda fase en la historia del universo, una fase que aún se encuentra en evolución, conocida como la "recolección de las chispas". Durante esta fase, el objetivo de la humanidad es recolectar las chispas caídas y restaurarlas a su nivel de santidad original. Esta es la tarea del *tikún*, de la rectificación del mundo: reconstruir un universo que se ha desordenado.

Los Kabalistas explican que *todas* las tareas humanas - desde los sagrados mandamientos y rituales descritos en la Torá hasta las actividades cotidianas más mundanas - afectan directamente la condición de las chispas caídas. Cada acción, cuando se realiza en armonía con la Voluntad de Dios, recolecta y eleva las chispas; cuando la acción se realiza de una manera incongruente con Su Voluntad, esa misma acción dispersa más aún las chispas, intensificando su "exilio". Finalmente y cuando hayan sido redimidas suficientes chispas, los recipientes quebrados serán rectificados, trayendo la era del Mashíaj.

La ruptura cósmica de los recipientes y la dispersión de las chispas encuentra su paralelo en el ámbito humano poco después de la Creación, cuando Adán y Eva comieron del Árbol del Conocimiento del Bien y del Mal. Así como la ruptura de los recipientes hizo que las chispas de santidad se mezclaran con la oscuridad y fueran ocultadas, la transgresión de la Voluntad de Dios de los primeros seres humanos hizo que

el bien en la creación se mezclara con el mal y se oscureciera.
Y al igual que en el ámbito cósmico, es la acción del hombre lo
que le da forma al ámbito humano, o bien realizando el *tikún* o
bien perpetuando la confusión entre el bien y el mal.

Cuando Adán fue creado, el primer viernes de la
Creación, recibió una única misión: orar. Esto era todo lo
que necesitaba para rectificar las chispas caídas y devolver un
mundo casi perfecto hacia su plenitud original. Pero luego
de que pecara, la oscuridad y el desorden que enturbiaron la
creación ya no pudieron ser eliminados sólo con la plegaria. La
humanidad fue expulsada del Jardín y, por primera vez, hubo
de trabajar para su sustento "con angustia... y con el sudor de
la frente" (Génesis 3:17, 19). Desde entonces, cada acto de *melajá*,
cada acto de labor creativa realizada por Adán para obtener su
sustento representó una forma de rectificación - una manera
de separar el bien del mal.

La tarea de la rectificación se transformó en el principal
legado de Adán a todas las generaciones subsiguientes. Nuestra
misión es recolectar el bien en todos los aspectos de nuestra
vida, separándolo del mal que lo cubre. Para Adán, esto
significó que debía transpirar y preocuparse por su pan; para
nosotros, significa ganarnos la vida dedicándonos a la *melajá* -
la labor creativa - con no menos ansiedad y preocupación.

Pero durante el Shabat está prohibido realizar toda clase
de *melajá*. Es un tiempo de alegría y de descanso; es la esencia
misma de la alegría y el paradigma del descanso. Si tuviéramos
que esforzarnos por ganarnos el sustento durante el Shabat,
tal como lo hacemos durante la semana - separando el bien
del mal - nuestras actividades violarían la santidad y la plenitud
del día. De hecho, es la separación misma de las actividades
de la semana al abstenernos de toda labor creativa durante el

Shabat, la que produce una cierta medida de la rectificación más elevada posible - el tikún que eleva el bien por sobre el mal, que restituye las chispas caídas hacia el ámbito de la santidad y que acelera la llegada del Mashíaj y el Fin de los Días. ⒱

SEIS DÍAS DE CREACIÓN

El Shabat es un tiempo santificado; el Tabernáculo, un espacio santificado.

El Tabernáculo se hace mediante la *melajá*, la labor creativa - mediante los actos del "hacer". El Shabat se crea a través de la *menujá*, del descanso de la *melajá* - mediante las acciones del "no hacer".

Durante los seis días de la semana debemos ocuparnos del hacer de nuestra *melajá*, con la misma santidad requerida para construir el Tabernáculo; de esta manera santificamos el espacio de nuestras vidas.

En el Shabat, sin embargo, la *melajá* no es necesaria, e incluso es contraproducente, dado que es el "no hacer" de este día lo que produce el *tikún* en el mundo. Debemos abstenernos de la *melajá* durante el Shabat, igual que Dios cesó Su "labor creativa" el primer Shabat de la Creación; de esta manera santificamos el *tiempo* en nuestras vidas.

Entonces la santidad de nuestro mundo personal será paralela a la del mundo que Dios formó en la Creación.

(*Likutey Halajot, Nesiat Kapaim* 5:29).

2

VII

SHABAT: LA NOCHE

VII

VII

LA NOCHE
INTRODUCCIÓN

VII

DIOS NUESTRO Y DIOS DE NUESTROS PADRES,
PLÁZCATE HALLAR FAVOR EN NUESTRO DESCANSO,
SANTIFÍCANOS CON TUS MITZVOT...
LÉGANOS TU SAGRADO SHABAT,
Y QUE TODO ISRAEL... DESCANSE EN ÉL.
BENDITO ERES TÚ, DIOS,
QUE SANTIFICAS EL SHABAT.

(PLEGARIA DEL VIERNES POR LA NOCHE)

El viernes a la noche, el Shabat entra en nuestras vidas. Lo secular deja paso a lo sagrado y el mundo comienza su ascenso hacia niveles más exaltados de santidad. El flujo de energía espiritual que colma el mundo durante el Shabat puede llevarnos hacia niveles superiores de plenitud y de santidad, hacia una iluminación de la conciencia del Shabat; pero debemos ser receptivos a su energía espiritual.

La plegaria del viernes a la noche es llamada *Kabalat Shabat*. El término *kabalá* denota el acto de recibir, indicando la receptividad que nos permite introyectar los mundos de la espiritualidad que tiene el Shabat. La *kabalá* del *Shabat* significa recibir la presencia del día, sensibilizándonos a la exaltada energía espiritual representada por la Reina Shabat, aceptándola en nuestras vidas y en nuestro ser.

El viernes a la noche, y en especial la liturgia del *Kabalat Shabat*, muestra el camino hacia un estado de apertura interior y de receptividad. A lo largo de la semana *tomamos* del universo; nos ocupamos de afirmar nuestro control sobre la tierra y utilizar sus recursos. A través de nuestro esfuerzo activo también recogemos con las manos abiertas nuestra cosecha semanal de logros espirituales.

En contraste, el viernes a la noche cambiamos hacia un modo de *kabalá*, hacia un marco receptivo. En este modo nos permitimos transformarnos en vasijas recipientes. Esto implica aprender a aquietar, a silenciar las ocupaciones cacofónicas del corazón y de la mente; implica aprender a escuchar, a entrar en sintonía con el susurro del llamado del espíritu. Por sobre todas las cosas, la receptividad de la noche del viernes lleva a aprender a hacer la paz dentro de uno mismo para recibir la *neshamá iterá* ("el alma adicional"), la medida adicional de energía espiritual que impregna nuestras vidas durante el séptimo día.

Cada uno de los marcos temporales del Shabat - la noche, la mañana y la tarde - tiene su ambiente propio y distintivo. El aura de cada uno de ellos está asociada con uno de los Patriarcas. La atmósfera distintiva del viernes a la noche está imbuida de la influencia del Patriarca Itzjak. Itzjak le otorga a este momento de transición hacia el ámbito de lo sagrado sus cualidades características de santidad, de contención, de introspección y de receptividad.

Aludimos al ambiente relevante de cada "tiempo" del Shabat en la bendición central de la plegaria de *Amidá* que recitamos en ese momento (ver más abajo). Las palabras de esta bendición son idénticas para los tres servicios del Shabat - *Maariv*, *Shajarit* y *Minja* (noche, mañana y tarde) - excepto por el pronombre que modifica la palabra "Shabat" al final del versículo anterior a las bendiciones finales de la plegaria.

> *Dios nuestro y Dios de nuestros padres, plázcate hallar favor en nuestro descanso. Santifícanos con Tus mitzvot... que todo Israel... descanse en él.*

En la plegaria de *Maariv* del viernes a la noche nos referimos al Shabat usando un pronombre femenino: "... que todo Israel... descanse en *ella* ". En la plegaria de *Shajarit* del Shabat por la mañana lo cambiamos por una referencia masculina: "...que todo Israel... descanse en *él* ". Y en la plegaria de *Minja* de la tarde del Shabat volvemos a cambiar, refiriéndonos al Shabat con un plural integrador: "...que todo Israel... descanse en *ellos* ".

Los Kabalistas nos dicen que nosotros, hombres y mujeres por igual, recibimos el aspecto femenino de nuestra *neshamá iterá* el viernes a la noche y el aspecto masculino durante el Shabat a la mañana. En el momento de la plegaria de Minja del Shabat a la tarde, avanzamos hacia una integración completa.

Invocamos el aspecto femenino de nuestra "alma adicional" durante el viernes por la noche tanto en la bienvenida de la Reina Shabat con la plegaria del *Kabalat Shabat* como recibiendo la *Shejiná*, el "rostro femenino" de lo Divino, en cuyo honor se sirve la cena del viernes por la noche. Una de las maneras en las que se manifiesta la dimensión de nuestra *neshamá iterá* es el sumergirse en la intimidad que ha hecho de esta primera comida del Shabat un tiempo para la familia y los amigos.

Descubrimos también trazas de este arquetipo femenino en aquellas cualidades de Itzjak que le dan al viernes por la noche su ambiente particular – en la separación del mundo y en la contención que experimentamos al terminar la tarea; en la receptividad que inauguramos en nosotros mediante la plegaria del *Kabalat Shabat*; y en la profundización de la reflexión por la cual apreciamos las maravillas y bendiciones de la vida y que viene con la santificación del día al recitar el *kidush* en la mesa del Shabat. ◉

VII

EL ENCENDIDO
DE LAS VELAS:
ILUMINANDO
LA VERDAD

VII

*AL ACERCARSE LA NOCHE, ES NECESARIO RECORDARLES
A LOS MIEMBROS DEL HOGAR:*

" ENCIENDAN LAS VELAS DEL SHABAT...".
*ALGUNOS SON DE LA OPINIÓN DE QUE
SE REQUIERE QUE LA PERSONA EXTIENDA EL SHABAT
POR SOBRE LA SEMANA
(ACEPTANDO LA SANTIDAD DEL SHABAT
ANTES DE QUE COMIENCE EL DÍA DEL SHABAT).*

(SHULJAN ARUJ, ORAJ JAIM 260:2; 261:2)

El Shabat abarca toda la intensidad de la esencia de la verdad. Nuestros sabios sentían la profunda santidad del Shabat y comentaban: "Incluso a los ignorantes les es imposible mentir en este día". De hecho así sucedía en épocas del Talmud.

Incluso hoy en día el Shabat es un tiempo para dejar de lado las cómodas "verdades de la semana" con las cuales muchos de nosotros adaptamos nuestras vidas. Estas son las verdades parciales que construimos para ayudarnos a evitar la responsabilidad de reconocer lo que somos como un todo. Nunca es fácil enfrentarse a las inconsistencias que descubrimos en nosotros mismos. Aunque nos consideremos compasivos y considerados, puestos a prueba podemos llegar a actuar del modo más insensible. Aceptar toda la verdad puede ser doloroso.

Enfrentados a la disonancia entre nuestros principios y nuestro comportamiento, optamos en general por una verdad parcial. Podemos decirnos que hubiera requerido de un esfuerzo sobrehumano actuar de manera distinta, o que por causas que estaban más allá de nuestro control, nos dejamos llevar por la situación. Es mucho más cómodo convivir con estas justificaciones que aceptar que no somos tan compasivos ni considerados como nos gustaría creer.

Si bien esta limitada honestidad que domina nuestras "características semanales" nos permite navegar alrededor de los agudos filos de la imagen que nos hacemos de nosotros mismos, también nos mantiene alejados de la autoconciencia que necesitamos para crecer, una conciencia que sólo puede existir cuando reconocemos la imagen completa con todas sus inconsistencias. A no ser que seamos honestos con nosotros mismos con respecto a quiénes somos en realidad y estemos dispuestos a examinar bajo la luz cada elemento de la verdad, no podremos curar los fragmentados trozos de nuestras personalidades.

La luz más efectiva para llevar a cabo este examen, para revelar y curar las verdades a medias que corroen nuestras almas, es la luz del Shabat. Tal como reconocieron los Sabios del Talmud, su brillo refleja nada menos que la luz de la verdad completa. En la calma del Shabat, en la paz que desciende sobre nuestros hogares y sobre nuestro ser al retirarnos de todas las actividades semanales, podemos encontrar el consuelo y la seguridad. Esto nos permite abandonar las defensas y las justificaciones con las que nos "consolamos" durante la semana. La verdad se hace entonces más presente y se vuelven más obvias las limitaciones que nos impone nuestra limitada honestidad.

Y aunque la luz del Shabat brilla durante todo el día, nuestra percepción inicial se manifiesta en la luz tangible de las velas del Shabat. Recibimos al Shabat encendiendo dos velas el viernes a la tarde. Al encender estas velas poco antes de la llegada del santo día, "expandimos" el Shabat, de modo que la luz de su santidad pueda extenderse hacia la semana y el brillo de su luz pueda tocar y curar todos los fragmentos y las verdades semanales de nuestras vidas.

Entonces, tomándonos el tiempo para contemplar las velas del Shabat, permitiéndonos abrazar la verdad vuelta palpable por su brillo, también nosotros somos abrazados por la luz del Shabat. En la plenitud de esta verdad podemos encontrar la honestidad para desmantelar todas nuestras verdades parciales; podemos introyectar la santidad que hace que el mero hecho de mentir, incluso a nosotros mismos, nos sea virtualmente imposible. En su abrazo podemos cultivar la autoconciencia y reunir el coraje para ser responsables de todo lo que somos. ⑦

ILUMINANDO EL TEMPLO

Enseña la tradición: el Shabat es la fuente de la Luz que ilumina el Santo Templo y con él al mundo entero. Es por esto que observar el Shabat nos permite abrir los ojos y ver profundamente dentro de nuestro propio templo interior: el Shabat nos da la oportunidad de verificar nuestra dirección en la vida y de evaluar nuestra fuerza interior. Guardar el Shabat aumenta nuestra capacidad para centrarnos en nuestra relación con Dios, al acercarnos al punto más íntimo de la verdad.

(*Likutey Moharán* II, 67).

VII

LA PLEGARIA DEL KABALAT SHABAT (1): A TRAVÉS DEL PORTAL

VII

ENSEÑA EL TALMUD:
AL ACERCARSE EL SHABAT, LOS SABIOS
VESTÍAN SUS ROPAS MÁS FINAS
Y SE DECÍAN LOS UNOS A LOS OTROS,
"VAYAMOS A RECIBIR A LA REINA SHABAT".

(SHABAT 119A)

ES COSTUMBRE COMENZAR LA PLEGARIA
DEL KABALAT SHABAT ("RECEPCIÓN DEL SHABAT")
CON SEIS SALMOS (SALMOS 95-99 Y SALMO 29).
UNO POR CADA DÍA DE LA SEMANA.
ESTO SE ORIGINÓ CON EL RABÍ MOSHÉ CORDOVERO,
IMPORTANTE FIGURA DE LOS KABALISTAS DE SAFED DEL SIGLO XVI.

(SEDER HAIOM)

El Shabat le infunde al universo un aumento de espiritualidad debido al descenso de un constante flujo de energía espiritual. Esta energía da inicio entonces al ascenso espiritual de toda la creación hacia niveles superiores de plenitud y santidad.

Para la humanidad, el Shabat significa la capacidad de una mayor intensidad espiritual. Esta plenitud contiene el potencial de percepciones mentales mucho más elevadas y de un aumento en la sensibilidad del corazón, ambos vehículos para la elevación espiritual.

Para que algo pueda ascender a un nivel superior de espiritualidad, debe pasar primero por el portal que lleva de ese nivel al siguiente. A la entrada de cada nivel hay un "guardián" que intenta prevenir un aumento del espíritu e impedir una mayor percepción espiritual, un guardián conocido con el nombre de "Ilusión". Para atravesar este portal, uno debe primero vencer al cuidador que impide la entrada.

La ilusión tiene muchos rostros. A cada nivel se presenta precisamente como el obstáculo insuperable que uno nunca esperó encontrar. Para cada persona se muestra como ese tema intratable que uno nunca habría querido enfrentar. A veces la ilusión toma la forma de distracciones mentales; otras veces es la agitación en el corazón. A veces es un reflejo de la espada giratoria flamígera que Dios colocó en la entrada del Edén para guardar el camino al Árbol de Vida.

La vida individual de todo ser humano es un microcosmos que refleja un proceso universal. Por lo tanto, en sus manos está la clave para vencer la ilusión en cada nivel espiritual y abrir el portal hacia la santidad que se encuentra más allá. Para vencer las ilusiones que nos arrastran hacia abajo, necesitamos dar a conocer en el mundo la grandeza de Dios, ser conscientes de la Divinidad que impregna toda la existencia y compartir ese reconocimiento con todo lo creado.

Es por esto que recitamos los salmos de la plegaria del *Kabalat Shabat* que inaugura el Shabat. El tema en común de todos ellos es la grandeza y la gloria de Dios. Así, recibimos a la Reina Shabat declarando:

> *Pues grande es Dios, el Eterno,*
> *y un gran Rey por sobre todas las fuerzas celestiales* (Salmo 95).

> *Relaten entre las naciones Su gloria,*
> *Sus maravillas entre todos los pueblos...*
> *Declaren las naciones: "El Eterno es Rey"* (Salmo 96).

> *Los cielos proclaman Su justicia,*
> *Todos los pueblos perciben Su gloria* (Salmo 97).

Cuando nos conectamos con las palabras que fluyen de nuestros labios declarando la grandeza de Dios, cuando permitimos que su significado imbuya nuestras almas, la plegaria se transforma en lo que debe ser, un vehículo para la autotransformación. Declarar Su gloria, tanto a nosotros mismos como al universo, despierta en nosotros el profundo reconocimiento de la Divinidad que le da existencia a toda la vida.

En el asombro y la maravilla de este profundo reconocimiento, se aquietan las distracciones de nuestra mente y se calma la agitación de nuestro corazón. Las intratables ilusiones que cerraban nuestro paso hacia toda nueva percepción espiritual han sido quebradas; el una vez indomable guardián que nos cerraba el camino hacia una rama superior del Árbol de Vida fue vencido. ⓥⓘⓘ

CONOCIENDO A DIOS

Cuando experimentamos la santidad del Shabat, alcanzamos los niveles más elevados de *daat*, del conocimiento de Dios. Y el nivel más elevado que podemos alcanzar en esta conciencia de *daat* es la comprensión de que Dios es absolutamente incomprensible - que realmente no sabemos nada.

(*Likutey Moharán* II, 83).

VII

LA PLEGARIA DEL KABALAT SHABAT (2): LA VOZ DE LA RESPUESTA DIVINA

VII

EL RABÍ ITZJAK LURIA
(EL PREEMINENTE KABALISTA DE SAFED
DEL SIGLO XVI CONOCIDO COMO EL SANTO ARI)
RECIBÍA EL SHABAT EN EL CAMPO, EN LAS AFUERAS.
MIRANDO HACIA EL OESTE, EL ARI ESPERABA
EL MOMENTO DE LA PUESTA DEL SOL Y ENTONCES
CON LOS OJOS CERRADOS Y CON PROFUNDA REVERENCIA
Y TEMOR, COMO ALGUIEN DE PIE ANTE EL REY,
RECITABA EL SALMO 29:
"UN SALMO DE DAVID: RENDID AL ETERNO..."

(MINAGUEI HAARI, INIANEI SHABAT 17)

*E*l fluir de energía espiritual que impregna el mundo cuando el Shabat entra en nuestras vidas tiene el poder de llevarnos hacia niveles más elevados de plenitud y santidad, hacia una iluminación de la conciencia del Shabat. Esto bajo el supuesto de que seamos receptivos a su energía espiritual.

Esta capacidad receptiva requiere que nos libremos primero de las preocupaciones y de los problemas de la semana, y que reemplacemos la inquietud que pesa en nuestras mentes con pensamientos positivos y de alegría. Así, como parte de los preparativos del Shabat y precisamente en el momento que lo separa y diferencia de la semana, recitamos el Salmo 107, el salmo de *Hodú*. Agradecemos a Dios y Lo alabamos por el bien en nuestras vidas; esto nos permite ubicar la semana - tanto sus fracasos *como* sus logros - en la perspectiva correcta.

Pero esto no es suficiente para sensibilizar nuestros corazones y afinar nuestra mente para recibir el flujo de energía espiritual que llega con el Shabat. A menudo el único camino para aumentar y refinar esta receptividad es llorar y clamar a Dios, una y otra vez, por las cosas que nos faltan y por las cosas que esperamos alcanzar. Así, en el Salmo de *Hodú*, también clamamos a Dios para que nos dé el coraje para estar abiertos y la suficiente sabiduría como para tener sólo pensamientos positivos y de alegría.

Una vez que nos hemos acercado a Dios de esta manera, sólo estamos a un paso de cruzar al otro lado de la línea divisoria de la semana y dispuestos a entonar el Salmo 29. Dicen los sabios que esto implica nuestra recepción oficial del Shabat: las palabras del Salmo *Hodú* nos han permitido alcanzar un estado de receptividad; al declarar la grandeza de Dios con cada uno de los cinco primeros salmos de la plegaria del *Kabalat Shabat* hemos controlado las ilusiones que podían impedir nuestro avance espiritual. Ahora, recitando el Salmo 29 podemos vencerlas definitivamente y estar en condiciones de recibir el influjo espiritual que nos ilumina con la santidad de Shabat.

Un salmo de David:

> *Rendid a Dios, hijos de los poderosos,*
> *Rendid a Dios honor y fortaleza.*
> *Rendid a Dios el honor debido a Su nombre...*
> *La voz de Dios está sobre las aguas...*
> *La voz de Dios resuena con poderío.*
> *La voz de Dios resuena con esplendor.*
> *La voz de Dios quiebra los cedros...*
> *La voz de Dios hace estallar llamas de fuego.*
> *La voz de Dios hace temblar el desierto...*
> *La voz de Dios hace parir a las ciervas*
> *Y deja a los bosques desnudos.*

Al adscribirLe a Dios gloria y poder y el honor debido a Su nombre, Lo estamos alabando como hicimos en el Salmo *Hodú* - pero aquí hay una diferencia. Aquellas palabras de alabanza y agradecimiento nos permitieron llorar y clamarLe a Dios; fueron un medio para dar expresión a un corazón tan abrumado que ni siquiera podía llorar. Habiendo completado nuestras preparaciones para el Shabat, nuestra alabanza y agradecimiento se han transformado en la voz de la plegaria - la voz que le manifiesta a todo lo existente la séptuple declaración de la grandeza de Dios: *sobre las aguas; con poderío; con esplendor; quiebra los cedros; hace estallar llamas de fuego; hace temblar el desierto; hace parir a las ciervas y deja a los bosques desnudos.*

Con el guardián vencido, el portal de entrada nos invita a un nivel más elevado de espiritualidad. Al pasar, nuestros sentidos encuentran el misterio: una "voz" que no es la nuestra y que declara las *siete Voces de Dios*.

En la quietud nacida de nuestra receptividad podemos detectar la respuesta Divina a nuestro clamor expresado antes en el Salmo *Hodú*. Dios está respondiendo, por así decirlo, a través de las *siete Voces*. Con cada declaración Él transmite a este mundo la iluminación implícita en esa *Voz*. Esta transmisión de energía espiritual durante el Shabat colma el mundo y a nosotros mismos con una medida mayor de santidad y plenitud.

VII

EL HIMNO LEJA DODI (I): UNA RECEPCIÓN PARA LA NOVIA

VII

CUANDO ESTABA EN EL CAMPO
recibiendo EL SHABAT,
EL ARI CONTINUABA LUEGO DEL SALMO 29 CON ESTAS PALABRAS:
"¡ENTRA, OH NOVIA! ¡ENTRA, OH NOVIA!
¡ENTRA, OH NOVIA, REINA SHABAT!"

(MINAGUEI HAARI, INIANEI SHABAT 17)

H ay veces en que recibir es un verdadero acto de dar y a veces el verdadero hacer es no hacer nada en absoluto. El Shabat es el canal a través del cual descienden todas las bendiciones y el sustento que disfrutamos durante la semana. Todo el bien material por el cual trabajamos durante los seis días de la semana deriva, de hecho, de este único día - del Shabat – día en que nos abstenemos de toda labor.

El paradigma bíblico es el maná que alimentó a los judíos en el desierto. Caía diariamente, suficiente para un día por vez, pero sólo durante los seis días de la semana. El maná nunca caía en Shabat. Pero el Shabat era el canal espiritual que unía los seis días de la semana con la fuente superior del sustento que descendía en la forma de maná.

Cada día de la semana posee su propio canal espiritual que le trasmite sustento al mundo. Una vez a la semana, el séptimo día, estos canales espirituales convergen dentro del canal del Shabat. La influencia del Shabat los carga de sustento de modo que, uno por uno durante la semana, cada canal diario le otorga al mundo la subsistencia de ese día.

Sin embargo durante el Shabat, se interrumpe esta distribución diaria con la que Dios mantiene el mundo a lo largo de la semana. Los canales espirituales no pueden funcionar de dos maneras al mismo tiempo; en el momento en el que están recibiendo el sustento no pueden transmitirlo. Durante el Shabat todos los canales espirituales están recibiendo, incluso los canales del Shabat. De modo que el canal del Shabat nunca le da sustento al mundo durante su día.

Es por esto que aunque en el Shabat no caía maná, era a través del mismo acto de *recibir* que el Shabat facilitaba la *entrega* del sustento durante el resto de la semana. Incluso hoy en día, aunque nos abstenemos de trabajar y de ganarnos la vida durante el Shabat, es este mismo dejar de trabajar lo que traerá el éxito a todas nuestras labores semanales. A través del *no hacer*, el Shabat facilita el *hacer* que nos trae bendiciones y sustento durante el resto de la semana.

El "campo" es el lugar donde hemos de buscar el sustento durante la semana. Como si fuera realmente un trabajo en el campo, el lugar de trabajo nos expone a los elementos - al asalto de circunstancias y actitudes que minan el mundo que creamos dentro de nuestros hogares, para nosotros y para nuestras familias. No siempre logramos mantener fuera las influencias externas que nos comprometen a poner en juego nuestras creencias y valores más amados.

Para separar el sustento de la semana de la atracción y la presión del campo - para atraer sus bendiciones hacia adentro, los Kabalistas de Safed tomaron la costumbre de salir al campo y recitar el *Kabalat Shabat* para dar la bienvenida a la novia Shabat.

Cuando tanto nosotros como nuestros hogares estamos dispuestos para el Shabat, completamos y terminamos el trabajo semanal. Reunimos todas las facetas de nuestro ser que hemos enviado hacia el mundo exterior para negociar nuestra existencia diaria. Con la llegada del Shabat, toda tarea (*melajá*) y toda asociación con la semana llegan a su fin. Nuestra preparación y plegaria nos han fortificado con la comprensión profunda de que el sustento por el cual luchamos durante toda la semana nunca puede ser tomado, sino sólo recibido – a través del *no hacer*. Al recitar el *Kabalat Shabat* retornamos una última vez a las "afueras" del campo - "Ven mi amada, salgamos a los campos" - a recibir y recolectar la bendición de la semana: "¡Entra, oh novia! ¡Entra, oh novia! ¡Entra, oh novia, Reina Shabat!" ⑦

VII

EL HIMNO
LEJA DODI (2):
ENCENDIENDO
LA MENORÁ
INTERIOR

VII

LA VERSIÓN DEL HIMNO DE *LEJA DODI*
("*VEN MI AMADO A RECIBIR A LA NOVIA*")
QUE HA SIDO ADOPTADO UNIVERSALMENTE
COMO PARTE DE LA PLEGARIA DEL *KABALAT SHABAT*
FUE COMPUESTA POR OTRO DE LOS *KABALISTAS DE SAFED*,
EL *RABÍ SHLOMO ALKABETZ*.

(*LIKUTEY MAHAREI'AJ* 2, *KABALAT SHABAT*)

Dios bendice el séptimo día con Su Luz Divina, que brilla más intensamente durante el Shabat que cualquier otro día de la semana (*Bereshit Rabah* 11:2). Subyugados por su brillo, cruzamos el umbral hacia el día más sagrado de la semana cantando nuestro anhelo por recibir esta Luz que fluye hacia nuestras almas:

> *Ven, vayamos a dar la bienvenida al Shabat,*
> *Pues es la fuente de bendición;*
> *Desde el comienzo, desde antes de los tiempos, fue elegido,*
> *Último en creación, primero en el pensamiento.*
>
> *Ven, Querido mío, al encuentro de la novia,*
> *Demos la bienvenida al Shabat.*

(del himno de Leja Dodi)

Muchos continúan con el recitado de un pasaje del *Zohar* como paso del *Kabalat Shabat* hacia la plegaria de *Maariv*. Estas palabras de enseñanza mística, conocidas como la plegaria de *Kegavna*, nos pintan un retrato del "rostro del Shabat" como el brillo radiante de la Presencia de Dios, la *Shejiná*. Pero, también dice el *Zohar*, el rostro del Shabat es también el brillo que caracteriza *nuestros* rostros una vez que hemos sido coronados con la *neshamá iterá* (el "alma adicional") - el alma propia del Shabat:

> *Su rostro está irradiado con una luz superna.*
> *Ella se corona aquí debajo con el pueblo sagrado,*
> *Quienes, todos ellos, se coronan con nuevas almas.*
> *Entonces el comienzo de la plegaria es para bendecirla*
> *Con alegría y rostro radiante,*
> *declarando: Bendecid a Dios, que es bendecido.*

(Zohar II, 135b)

La Kabalá asemeja la cabeza del hombre con la *Menorá* de siete brazos que estaba en el Santo Templo. Las siete aberturas - dos ojos, dos oídos, dos narinas y la boca - son un paralelo de las siete lámparas de aceite.

Se requería que los sacerdotes retiraran las cenizas y cambiaran las mechas de la *Menorá* del Templo, colocando sólo aceite puro virgen de oliva. La luz de las siete lámparas de aceite iluminaba el "rostro de la *Menorá*" y lo hacía brillar.

También nosotros debemos cuidar con la misma dedicación nuestra propia *menorá*: debemos limpiar y purificar constantemente nuestras mentes mediante la purificación de las siete lámparas, cuidando tanto lo que entra como lo que sale de estas aberturas. Debemos alimentarlas sólo con el intelecto puro de la mente.

Cuando recibimos a la Reina Shabat, su brillante rostro enciende con un ardiente entusiasmo el intelecto puro de nuestra *menorá*, haciendo que arda con un brillo radiante. Si nutrimos este entusiasmo y lo aventamos con toda la intensidad de la devoción espiritual y con la sagrada celebración del Shabat, se encenderá dentro nuestro como un fervor inextinguible nacido de la cercanía con Dios. Nuestros rostros brillarán entonces tal como irradiaba el rostro de la *Menorá* en el Santo Templo. ⓥⒾⒾ

VII

EL SALMO DEL SHABAT:
LA FELICIDAD DE UN MUNDO SUPERIOR

VII

EL ARI CONCLUÍA EL KABALAT SHABAT
RECITANDO LOS SALMOS 92 Y 93.

(MINAGUEI HAARI, INIANEI SHABAT 17)

Mizmor shir leiom haShabat -
Un salmo, una canción para el día de Shabat.
Bueno es agradecer a Dios,
cantar alabanzas a Tu Nombre;
relatar, Oh Altísimo, Tus bondades...

(Salmo 92)

No hay nada que les dé más dulzura a nuestras almas que agradecer y alabar a Dios. En el Mundo que Viene nuestra conciencia expandida y nuestro reconocimiento del Santo, bendito sea, hallarán su expresión en nuestro enaltecimiento de Su grandeza y en la proclamación de nuestra gratitud por todas Sus bondades. Este es el deleite que nos espera en el próximo mundo.

Afortunadamente, no tenemos que esperar a dejar el mundo para experimentar esta felicidad. Podemos obtener una vivencia de esta intensa alegría una vez por semana, durante el Shabat, pues este día es un anticipo del Mundo que Viene. Con la puesta del sol, le damos la bienvenida a la Reina Shabat y recibimos en nuestro ser la luz de su rostro en la forma de la *neshamá iterá* ("alma adicional"). Estamos dispuestos ahora a concluir el *Kabalat Shabat* con otra declaración de alabanza y agradecimiento a Dios.

Entramos al Shabat con la alabanza y el agradecimiento del Salmo *Hodú*, que nos permitió clamar a Dios; entonces avanzamos hacia la alabanza y el agradecimiento de los salmos del *Kabalat Shabat*, que culminan en la séptuple declaración de la grandeza de Dios; ahora estamos dispuestos a ofrecer la alabanza y el agradecimiento del alma misma, cuya dulzura indica la felicidad de un mundo superior. Inspirados por este bien sin igual, elevamos nuestras voces en una canción: "Un salmo, una canción para el día de Shabat. Bueno es agradecer a Dios, cantar alabanzas a Tu Nombre..."

*

El Midrash relata *(Bereshit Rabah 22:13)*:

Poco después Caín salió de ante la corte celestial, donde había sido juzgado por asesinar a su hermano Abel y se encontró con su padre. "¿Cuál fue el veredicto?" Adán le preguntó a su hijo.
"Me arrepentí y fui perdonado", respondió Caín con alivio.
Adán quedó pasmado. "¡Si hubiera sabido del gran poder del arrepentimiento [también yo me habría arrepentido]!". Fue entonces que Adán proclamó: "Un salmo, una canción para el día de Shabat".

¿Qué fue lo que hizo que Adán pensara en el Shabat cuando se enteró de la eficacia de la *teshuvá* y comprendiera que también su pecado podía ser perdonado mediante su arrepentimiento?

Cuando transgredimos la Voluntad de Dios, desestabilizamos el tranquilo equilibrio de nuestras propias vidas. Cuanto más nos alejamos de la Voluntad de Dios, más inquietud y desasosiego experimentamos. Pero cuando nos arrepentimos sinceramente, la agitación desaparece. El torbellino y la tensión son reemplazados por un profundo sentimiento de tranquilidad.

Este es el espíritu del Shabat; es la paz que encontramos cuando nos abstenemos de toda labor creativa, la serenidad que se instaura en nuestros hogares y en nuestros seres cuando abandonamos todos los negocios y actividades de la semana.

Cuando Adán supo que la *teshuvá* lo liberaría de su inquietud, asoció el arrepentimiento con el Shabat; la tranquilidad que otorga la *teshuvá* y la serenidad producida por el Shabat son una y la misma cosa. Luego de limpiar nuestros cuerpos, nuestros corazones y nuestras mentes, luego de encender las velas, luego de clamar a Dios con la plegaria y ser llamados por Él, también nosotros proclamamos: "*Mizmor shir leiom haShabat* - Un salmo, una canción para el día de Shabat". Ⓥ

VII

LA PLEGARIA DE MAARIV:
"DES-CREANDO" LA CREACIÓN

VII

EL PASAJE VAIEJULU ES RECITADO
EN LA PLEGARIA DE MAARIV DEL SHABAT.

(SHULJAN ARUJ, ORAJ JAIM 268:1)

ENSEÑÓ EL RABÍ HAMNUNA:
CUANDO RECITAMOS LOS VERSÍCULOS DEL VAIEJULU
COMO PARTE DE LA PLEGARIA DE MAARIV
NOS VOLVEMOS COLABORADORES DE DIOS
EN LA CREACIÓN.

(SHABAT 119B)

El propósito más elevado de la humanidad es llegar a ser absolutamente consciente de Dios, totalmente consciente de la inmediatez de Su presencia. Antes del comienzo, cuando aún no existía universo alguno, todo lo que Dios tenía la intención de crear era absolutamente uno con la Fuente de Todo Ser. Esa realidad esencial nunca ha cambiado. A no ser que pensemos que Dios existe aparte de nosotros, esta impresión de separación no es nada más que una ilusión; el hombre, el universo y todo lo que él contiene sólo existen dentro de la Unidad de Dios.

Cuando alcanzamos esta conciencia - el reconocimiento de que nunca hubo una verdadera separación entre el hombre y Dios - entonces la humanidad puede merecer su retorno hacia la unicidad y unidad con su Creador.

En la medida en que logremos eliminar la ilusión de separación, todas las otras innumerables formas de la creación alcanzarán, tal como nosotros, su propósito final. Podemos decir, por tanto, que Dios creó a los seres humanos con el propósito de que hiciéramos retornar el universo al estado de unidad con Dios que tenía antes del comienzo - que debemos "des-crearnos" conscientemente, a nosotros mismos y a todas las otras formas de la creación.

> Vaiejulu: *Y fueron terminados los cielos y la tierra y todas sus huestes. Y Dios acabó* (vaiejal) *en el séptimo día Su obra que había hecho y descansó en el séptimo día de toda Su obra que Él había hecho. Y Dios bendijo el séptimo día y lo santificó porque en el descansó de toda su obra que Él creo para hacer*
>
> (Génesis 2:1-3).

Cuando leemos estos versículos de acuerdo con su significado simple - con las palabras *vaiejulu* y *vaiejal* traducidas literalmente como "terminados" - encontramos en ello un relato de lo que tuvo lugar hace muchísimo tiempo, al comienzo de la Creación: en el primer Shabat Dios cesó toda Su tarea; el trabajo de crear el cielo, la tierra y todo lo que contienen había llegado a su fin. El pasaje de *Vaiejulu* es parte de la narrativa de la Creación. Es el relato de lo que los Kabalistas denominan la "creación de algo a partir de la nada".

Esta es la Torá leída como historia.

Nuestra comprensión de este pasaje se expande y amplía si asociamos las palabras *vaiejulu* y *vaiejal* con la palabra *tajlit*, un término relacionado etimológicamente y que implica el logro de la "plenitud" o el "propósito final". Visto a la luz de este concepto, el pasaje de *Vaiejulu* no sólo describe el pasado sino también el presente:

> *Los cielos y la tierra y todas sus huestes cumplen* su objetivo final. *A través del séptimo día Dios trae* plenitud *a Su obra.*

Durante el séptimo día, cada semana, toda la creación tiene una oportunidad de experimentar el sentimiento de haber alcanzado su propósito final - ese estado de plenitud en el cual todo reconoce su unidad y unicidad con Dios. El pasaje de *Vaiejulu* cuenta la historia de la "des-creación", un acto que los Kabalistas denominan "la transformación de algo en Nada".

Esta es la Torá leída como un proceso dinámico.

Al leer este pasaje como un proceso dinámico, descubrimos también que el Shabat no es meramente un tiempo cuando todo en la creación puede experimentar el sentimiento de haber alcanzado su propósito final; el Shabat es también el *medio* a través del cual nosotros y junto con nosotros toda la creación, alcanza esta conciencia. Dios trae plenitud al universo *"a través* del séptimo día" - mediante la medida adicional de santidad que colma el mundo durante el Shabat.

En el corazón de la santidad del Shabat hay una inmediatez de la presencia de Dios en el mundo. Al cesar todo el trabajo semanal y centrarnos en las mitzvot - en las leyes, las costumbres y las plegarias que nos vuelven espiritualmente receptivos y sensibles, estamos más capacitados para sentir la presencia de Dios en todos los aspectos de nuestras vidas. Podemos reconocer entonces, como declara el salmista, que el universo entero está pleno de Dios.

Esta conciencia amplificada de Dios lleva a una disminución de nuestra conciencia personal. Nos permite experimentar un estado espiritual en el cual estamos tan concentrados en la presencia del Dios que ya no somos conscientes de nosotros mismos. Al "olvidarnos" de nosotros mismos, *des-creamos* nuestras personalidades separadas. En este estado de auto oscurecimiento, todo lo que existe es Dios. Podemos reconocer, aunque fugazmente, nuestra unidad con la Fuente de Todo Ser - devolviendo nuestro *algo* hacia la Nada.

En el Shabat, la inmediatez de la presencia de Dios hace que sea mucho más fácil olvidar nuestra existencia separada. Es el tiempo ideal para experimentar el sentimiento de haber alcanzado nuestro objetivo final. La primera oportunidad que tenemos de experimentarlo durante el Shabat es cuando recitamos el pasaje de *Vaiejulu* durante la plegaria de *Maariv*. Las palabras de la plegaria, como conductos de energía espiritual, son instrumentos de la Creación. No sólo relatan un evento; ellas lo generan (ver Sección III: "Leyendo la Porción de la Torá").

En la medida en que nos dejamos absorber por las

palabras del *Vaiejulu*, al punto en que ya no somos conscientes de nosotros mismos, nos transformamos en los canales a través de los cuales las palabras de la plegaria influencian a la creación. Mediante nuestra reunión con el Creador, reconociendo que nunca hubo una verdadera separación, "los cielos y la tierra y todas sus huestes cumplen su objetivo final" también. Así nos transformamos en socios de Dios en la *des-creación* y en Sus colaboradores en la creación del más perfecto de los universos.

Socios de Dios en la Creación

Siguiendo el orden de la obra del Creador -
haciendo nuestra tarea-*melajá* durante los seis días de
la semana y absteniéndonos de toda labor creativa
durante el séptimo - atestiguamos nuestra fe en que
Dios creó el mundo en seis días y que cesó Su "tarea"
de crear durante el Shabat. Esta demostración de
fe es la esencia del descanso, de la tranquilidad y de
la armonía - la *menujá* - que sólo llegó a la existencia
a partir del primer Shabat de la Creación; la misma
menujá que aún continúa para darle plenitud y
bendición a la tarea de todas las semanas de nuestras
vidas. Así, mediante nuestra fe, nos transformamos
en socios de Dios en la Creación.

(*Likutey Moharán* II, 8).

VII

SHALOM ALEIJEM:

BIENVENIDA A LOS ÁNGELES

VII

Bienvenidos sean, Ángeles servidores
Ángeles del Altísimo...
Que vuestra venida sea en paz,
Ángeles de la paz... Bendecidme con paz,
Ángeles de la paz...
Que vuestra partida sea en paz
Ángeles de la paz...

(Canción del Shalom Aleijem)

*Á*ngeles - canales de energía espiritual a los cuales nos abrimos y que dejamos abiertos en nuestro viaje espiritual llamado vida; esos poderes indetectables y no materiales que administran todos los sucesos del mundo, desde la caída de poderosos imperios hasta el crecimiento de cada hoja de hierba (*Bereshit Rabah* 10:7).

Ángeles - mensajeros de Dios, enviados para cumplir la Voluntad Divina en el mundo. Agentes de la dimensión espiritual que se muestran de variadas formas, como seres humanos ordinarios, como figuras traslúcidas que portan el Trono de Dios en la visión de Ezequiel, o como la suave mano de la intuición.

A estos ángeles - estos seres celestiales tan inasibles pero palpables al instinto - dirigimos nuestra canción: *Bienvenidos sean, ángeles servidores, ángeles del Altísimo...*

Relata el Talmud:

> *Nadie retorna solo a su casa luego de la plegaria de la víspera del Shabat. Dos ángeles, uno a cargo de la buena fortuna y el otro cargo de la mala fortuna, vuelven junto a cada uno de nosotros. Si al llegar encontramos las velas encendidas y la mesa puesta, el ángel del bien declara, "Que así sea la semana que viene" y el ángel de la mala fortuna responde a regañadientes, "Amén". Pero si al llegar a casa la encontramos a oscuras sin nada preparado en honor al Shabat, el ángel de la mala fortuna declara, "Que así sea la semana que viene" y el ángel del bien responde forzosamente, "Amén"* (*Shabat* 119b).

Los seres humanos somos únicos. Mientras que todo lo demás en el mundo es o bien físico o bien espiritual, nosotros, los seres humanos, somos una creación en la cual estos dos elementos diferentes se encuentran unidos: la espiritualidad del alma y la sustancia del cuerpo. Esta unión nos pone en una situación singular que afecta tanto el ámbito físico como el espiritual; nuestras acciones físicas influyen en el ámbito espiritual - en los ángeles.

Aunque en este mundo los seres humanos se encuentran en un plano espiritual inferior al de los ángeles, el alma humana está enraizada en un ámbito aún más elevado que el de las fuerzas angélicas. Si cultivamos y fortalecemos los poderes espirituales de nuestras almas, podemos influenciar a los ángeles, haciendo que canalicen mayores bendiciones al mundo.

Con nuestra preparación del día viernes hemos activado estos poderes. Al bañarnos con agua caliente y vestir nuestras ropas más finas, al preparar nuestros hogares y disponer la mesa en honor al Shabat, hemos infundido espiritualidad a los elementos físicos y materiales de nuestras vidas. Y esta misma preparación que nos ha dispuesto para una mayor percepción de Dios, les ha permitido y ayudado también a los ángeles a investir con una mayor energía espiritual cada detalle de este mundo, incluso cada hoja de hierba. Sin excepción y de una manera que ni siquiera podemos comenzar a comprender, nuestra preparación ha elevado y espiritualizado cada faceta de la creación.

Entonces, cuando el Shabat hace su aparición, cuando brotan los manantiales de la abundancia espiritual y de la bendición, los ángeles nos acompañan desde la sinagoga hasta nuestro hogar. Nos acercamos a nuestras mesas del Shabat - dispuestas generosamente para un gran banquete, con las velas brillando - y desde allí atraemos a las fuerzas espirituales que han entrado en nuestros hogares.

Con la autoridad de almas poderosas, llamamos a las fuerzas espirituales para que canalicen una mayor bendición: *Bienvenidos sean, ángeles servidores, ángeles del Altísimo... Bendecidme... ángeles de la paz.*

Viendo que le hemos dado un buen uso a la abundancia de la semana previa, los ángeles declaran, "Que así sea la semana que viene". Que este orden, que esta belleza, que esta residencia de espíritu y paz, retornen la semana próxima.

Para asegurarse de que realmente suceda, estos canales espirituales se expanden de modo que en la próxima semana podamos recibir una mayor abundancia y de esa manera ésta pueda difundirse por toda la creación. ⓥⅡ

VII

LA FRAGANCIA DEL MIRTO:
ENTREMESES PARA EL ALMA

VII

DE PIE ANTE LA MESA DEL SHABAT,
EL ARI TOMABA DOS MANOJOS DE RAMAS DE MIRTO,
UNO EN CADA MANO:
UN MANOJO REPRESENTABA EL TÉRMINO BÍBLICO ZAJOR (RECUERDA),
PARA "RECORDAR" EL SHABAT,
Y EL OTRO EL TÉRMINO SHAMOR (GUARDA),
PARA "GUARDAR" SU LEYES Y COSTUMBRES.
JUNTANDO LOS DOS MANOJOS,
RECITABA LA BENDICIÓN SOBRE ELLOS
Y ASPIRABA SU FRAGANCIA.

(MINAGUEI HAARI, INIA NEI SHABAT 17)

El alma requiere alimento, no menos que el cuerpo; si no, se marchita y languidece. Pero, salvo que nos hayamos esforzado seriamente en nuestra purificación y dominado nuestros deseos físicos, el alimento que ingerimos tiende a darle sustento más a lo físico que a lo espiritual; nutre nuestros cuerpos pero no nuestras almas. De hecho, despierta nuestra inclinación por lo material al tiempo que adormece las predilecciones del espíritu.

De acuerdo con el Talmud, el perfume es el genuino alimento del alma (*Berajot* 43b); el sustento que nuestras almas reciben de este mundo nos llega a través del sentido del olfato. Los nutrientes del alimento que ingerimos entran en el cuerpo junto con las sustancias que deben ser eliminadas. La fragancia y los aromas que inhalamos, por el contrario, entran al cuerpo de una forma pura y no tienen asociado ningún producto de desecho. Cuando aspiramos esta materia espiritual, nuestras almas, elevadas e inherentemente puras, reciben su alimento de sustancias puras y espirituales.

El único modo de que el alimento físico se vuelva sustento espiritual es si nos centramos en sus dimensiones espirituales - asegurándonos de que sea kosher, recitando las bendiciones adecuadas y comiendo con la intención consciente de utilizar la energía que nos da para fortalecer nuestras devociones. Cuanto más espiritual sea la motivación al comer, más espiritualmente nutritivo será el alimento.

Comer para recibir espiritualidad es algo que puede lograrse más cabalmente durante el Shabat. La atmósfera más distendida que prevalece en la mesa del Shabat lleva hacia la reflexión y nos permite concentrarnos en los aspectos más sutiles y espirituales del comer. Podemos conectarnos mejor con la esencia vital del alimento, y no meramente con la gratificación física que produce.

7° Cielo

Más allá de esta reflexión y conciencia que acompañan el modo en que comemos, las comidas del Shabat son por naturaleza un sustento espiritual. El placer que otorgan es de un orden superior, un placer que hizo que el profeta Isaías llamara al Shabat oneg, "un deleite" (Isaías 58:13). Los sabios nos dicen que al comer en Shabat experimentamos el "sabor" del Jardín del Edén. Su aroma único, una marca de su esencia, es algo que no puede ser duplicado bajo ninguna otra circunstancia.

> *"¿Por qué las comidas del Shabat huelen de forma tan deliciosa?"* le preguntó el Emperador romano al Rabí Ioshúa ben Janina.
>
> *"Nosotros, los judíos, tenemos un condimento especial,"* explicó el Rabí Ioshúa. *"Se llama Shabat y les da a nuestros alimentos un aroma maravilloso."*
>
> *"Ciertamente puede darme un poco de este condimento",* dijo el Emperador.
>
> *"Lo lamento, pero es imposible",* replicó el Rabí Ioshúa. *"El 'condimento Shabat' sólo se consigue si se observa el Shabat"* (Shabat 119a).

La fragancia del mirto (o de cualquier otra hierba o condimento aromático) que aspiramos en la mesa del Shabat sirve como entrada a la comida plena de sustento espiritual. Esta esencia vital agrega la concentración que necesitamos para transformar nuestro comer en un acto consciente; despierta nuestras predilecciones por el extenso menú espiritual del Shabat. Inhalar la fragancia abre nuestro apetito por la comida principal - el *deleite* que saboreamos al disfrutar las comidas aromáticas condimentadas con el "recordar" y "guardar" las leyes rituales y costumbres del Shabat. Este es el "condimento del *zajor* y *shamor*" del Shabat. ⑦

VII

EL
KIDUSH:
LA MENTE POR
SOBRE EL TIEMPO

VII

LA TORÁ NOS ORDENA SANTIFICAR
EL SHABAT CON PALABRAS, TAL COMO ESTÁ ESCRITO,
"RECUERDA EL DÍA DE SHABAT PARA SANTIFICARLO" –
RECUÉRDALO CON PALABRAS DE ALABANZA
Y DE SANTIFICACIÓN.
UNO DEBE RECORDARLO CUANDO COMIENZA,
CON EL KIDUSH.

(RAMBAM, LEYES DEL SHABAT, CAP. 29)

LOS SABIOS ESTABLECIERON
QUE ESTE ACTO DE "RECORDAR"
DEBE SER HECHO ANTE UNA COPA DE VINO.

(KITZUR SHULJAN ARUJ # 77:1)

7° Cielo

El tiempo... Con excepción quizás del dinero, ninguna otra cosa nos resulta tan escasa como el tiempo. Siempre buscamos unos minutos más, otra hora o dos, o incluso un día más a la semana.

El hecho es que el tiempo se manifiesta constantemente en nuestras vidas. Tenemos citas y fechas límite que respetar, aviones y trenes que tomar, almanaques cubiertos de encuentros y de cosas que debemos hacer; horarios estrictos legislan nuestro trabajo, nuestras vacaciones, nuestro tiempo libre. En realidad, lo que realmente necesitamos no es más tiempo sino *liberarnos* del tiempo.

La esclavitud al tiempo ha definido a la humanidad desde el comienzo mismo - de hecho, el tiempo llegó a la existencia con el comienzo de la Creación. A cada uno de nosotros "se les acaba el tiempo" cuando dejamos este mundo, pero hasta ese momento, el grado en el cual las restricciones del tiempo gobiernan nuestras vidas depende de nosotros mismos.

La *conciencia* es la clave para una verdadera administración del tiempo. El tiempo no es algo generado por nosotros, pero nuestra experiencia del tiempo y las restricciones específicas que el tiempo establece en nuestras vidas son en general construcciones de nuestra mente. Cuanto más conscientes seamos, menos sufriremos el opresivo control del tiempo.

En general, medimos el pasaje del tiempo de acuerdo con el patrón de nuestro estado de vigilia cotidiano. Durante la inconciencia del sueño, sin embargo, el tiempo posee una dimensión totalmente distinta; es posible entonces que podamos vivir una vida entera en cuestión de minutos. De la misma manera, en el otro extremo, cuando nos encontramos en un intenso estado de alerta, el tiempo casi no se percibe. Las horas pueden pasar en lo que parece no ser más que unos pocos minutos.

Nuestra vida no transcurre en ninguno de estos extremos, sino gravitando alrededor de un estado de percepción cotidiana. Pero durante ciertos momentos especiales, ocurre que alcanzamos una percepción de la naturaleza sagrada de las cosas, y con el reordenamiento de las prioridades generado por ese elevado estado de conciencia, logramos, al menos temporalmente, librarnos de nuestra esclavitud respecto del tiempo. Sin embargo, si no aprovechamos estas oportunidades para sintonizarnos con el lado espiritual de la vida, puede suceder lo contrario y desvanecerse nuestra apreciación de lo espiritual. En la agitada persecución de nuestros objetivos, podemos esclavizarnos a las innovaciones tecnológicas de nuestra sociedad instantánea, dándole entonces al tiempo un control mucho mayor sobre nuestras vidas.

Observar el Shabat debilita el lazo del tiempo - dejando atrás los horarios de la semana, las obligaciones y los compromisos; reemplazando la actividad exterior con la receptividad interior. La atmósfera tranquila y reflexiva del Shabat es la clara evidencia de que es nuestro estado mental el que gobierna la percepción del tiempo. Este es uno de los motivos por el cual los sabios asociaron el Shabat con el mundo eterno, llamando al Shabat un "anticipo del Mundo que Viene", de la libertad que surge al deshacernos de las ataduras del tiempo.

La primera muestra de esta libertad la experimentamos al recitar el kidush del Shabat. Todas sus palabras proclaman la santificación del tiempo. Mediante sus palabras, también "recordamos el día de Shabat para santificarlo"; efectuamos nuestra propia santificación del tiempo al librarnos de sus ataduras.

Beber el vino del kidush está intrínsecamente unido a nuestro recuerdo del Shabat. El vino del kidush es vino bebido en santidad. En lugar de embotar nuestra conciencia y fortalecer los lazos del tiempo, el vino del kidush despierta en nosotros un espíritu de reflexión y de alegría. Este sentimiento del Mundo que Viene, de total libertad de las cadenas del tiempo, es nuestra entrada hacia la conciencia superior del Shabat. ⓦ

RECORDANDO EL SHABAT

El judaísmo no le da ningún nombre específico a cada uno de los seis días de la semana. No tenemos domingo, lunes ni martes; tampoco miércoles, jueves o viernes.

La Torá nos ordena "recordar el día del Shabat" - debemos recordarlo desde el primer día de la semana. De esta manera nos referimos a los días de la semana sólo en términos de su lugar relativo al Shabat, como "el primer día desde el Shabat", "el segundo día desde el Shabat"... y así en más, hasta el "sexto día desde el Shabat" o "la víspera del Shabat". Es el Shabat quien define y une a los otros seis días de la semana.

(Likutey Moharán II, 39).

VII

LEJEM MISHNE - LOS DOS PANES:

AURA DE PLENITUD

VII

EN CADA COMIDA DEL SHABAT DEBE
HABER DOS HOGAZAS DE PAN,
COMO ESTÁ ESCRITO:
"ELLOS JUNTARON LEJEM MISHNE -
UNA DOBLE PORCIÓN" (ÉXODO 16:22)...
ESTA ERA LA COSTUMBRE DE RAV KAHANA:
RECITABA LA BENDICIÓN SOBRE DOS HOGAZAS ENTERAS
Y ENTONCES CORTABA UNA DE ELLAS,
SEPARANDO UN TROZO GRANDE...
PUES ELLO DEMUESTRA EL PLACER DE UNO
POR LA COMIDA DEL SHABAT.

(TUR, ORAJ JAIM 274)

E l maná, el pan del cielo que alimentó al pueblo judío durante su travesía por el desierto, caía diariamente. Sin embargo cada viernes, descendía una porción doble. Ese día el jefe de cada familia judía recolectaba dos porciones: una para las comidas del viernes y la otra para las comidas que él y su familia tendrían durante el Shabat.

Recordamos esa doble porción de maná al recitar la bendición y partir el pan con dos hogazas enteras de *jalá* en cada comida del Shabat. Poner la mesa con el *lejem mishne* ("las dos hogazas" de jalá) representa todas las cualidades espirituales del maná; expresa también nuestro reconocimiento de la necesidad de infundirle valores morales y espirituales al modo en que nos comportamos cuando comemos y al ganarnos la vida. Con la medida adicional de santidad que otorga el Shabat, "somos lo que comemos" - nuestro sustento es nada menos que "pan del cielo".

Durante los días de la semana, recitar la bendición sobre una hogaza entera de pan es preferible pero no obligatorio. A menudo recitamos la bendición sólo sobre media hogaza o una simple rebanada de pan. Esta manera de comer refleja la atmósfera espiritual de los días de la semana, cuando la intención es arreglar aquello que ha sido dañado y reparar lo deficiente; comprometiendo una buena cantidad de energía buscando completar lo incompleto, en nuestras vidas y en el mundo en general.

Durante la semana, aunque comencemos nuestra comida recitando la bendición sobre una hogaza entera de pan, inmediatamente le cortamos un trozo, dejándola incompleta. Toda cualidad de plenitud que lleguemos a captar a través de nuestro comer durante la semana generalmente desaparece. (Sólo podremos recuperarla comiendo en santidad y recitando con intensa concentración la Bendición de Después de las Comidas).

En el Shabat, sin embargo, las dos hogazas enteras del *lejem mishne* son un requisito obligatorio. Estas hogazas significan el aura de plenitud que el Shabat trae al mundo. Ellas reflejan también la sensación de "acabado" que les adscribimos a todas nuestras actividades semanales. Comenzando con la puesta del sol del viernes y durante las siguientes veinticinco horas, percibiremos el mundo tal como es, tan completo (aunque imperfecto). Cuando recitamos la bendición sobre las dos hogazas de pan, cortando una y dejando intacta la otra, nos investimos de plenitud, trayendo un elemento de totalidad a nuestras mesas del Shabat y al mundo en general. ⬤

LA CORONA DE LA CREACIÓN

El Shabat marca la finalización de la Creación. Es el arquetipo de lo acabado, de lo completo, la fuente de la que todas las cosas derivan la plenitud.

Podemos sentir esta plenitud en la tranquilidad y en la armonía que ofrece el Shabat, en el alivio que trae el poder liberarnos de todas las tareas inconclusas. No importa lo mucho o lo poco que hayamos logrado durante la semana; si nuestras mentes están en paz y con el sentimiento de que todos nuestros objetivos semanales han alcanzado el nivel de terminación y acabado, estamos entonces en armonía con el fluir del Shabat.

(*Likutey Halajot, Shabat* 7:68)

VII

LA PRIMERA COMIDA:
EL JARDÍN SAGRADO

VII

SE REQUIERE QUE TANTO HOMBRES COMO MUJERES,
COMER TRES COMIDAS DURANTE EL SHABAT.
UNA DURANTE LA NOCHE Y DOS DURANTE EL DÍA.

(KITZUR SHULJAN ARUJ #77:16)

DEL ZOHAR RECIBIMOS LA COSTUMBRE DE COMENZAR CADA
UNA DE LAS TRES COMIDAS DEL SHABAT CON UN SALUDO
RECONOCIENDO LA PRESENCIA ESPIRITUAL
EN CUYO HONOR SE SIRVE LA COMIDA.
DEL ARI RECIBIMOS LA FÓRMULA ESPECÍFICA
DE ESTOS SALUDOS, DIFERENTES PARA CADA COMIDA,
DE ACUERDO CON EL MODO EN QUE LA PRESENCIA DE DIOS,
EL SANTO REY, SE MANIFIESTA EN ESE MOMENTO.
NUESTRO HUÉSPED DURANTE LA PRIMERA COMIDA DEL SHABAT
ES LA SHEJINÁ, EL "ROSTRO FEMENINO" DE DIOS,
REFERIDO AQUÍ COMO EL HUERTO SAGRADO
(JAKAL TAPUJIN KADISHIN).

Shabat: La Noche

PREPARAD LA COMIDA DE LA FE PERFECTA,
QUE ES EL DELEITE DEL SANTO REY;
PREPARAD LA COMIDA DEL REY.
ESTA ES LA COMIDA DEL JAKAL TAPUJIN KADISHIN,
Y ZEIR ANPIN Y ATIKA KADISHA*
VIENEN A UNIRSE A ELLA EN LA COMIDA.

(BASADO EN ZOHAR II, 88B)

* VER "LA SEGUNDA COMIDA" Y "LA TERCER COMIDA"

Durante la semana buscamos nuestro sustento afuera, en el "campo" (ver Sección II: El himno *Leja Dodi* (1)). Sin embargo, con la cercanía del Shabat, queremos separar la verdadera fuente del sustento semanal de la presión del lugar de trabajo.

Recitamos el *Kabalat Shabat* al comienzo del Shabat, para elevar las bendiciones de la semana: "Ven, Oh Novia... Ven, Oh novia, la Reina Shabat". Estas referencias femeninas sirven como bienvenida a la *Shejiná*, el aspecto femenino del Santo Rey que predomina en la víspera del Shabat. Todas las bendiciones y el sustento llegan al mundo a través de Ella.

Al observar el llamado del Creador para cesar toda labor creativa a la llegada del Shabat, reconocemos que el mundo es de Dios; al detenernos en nuestra búsqueda de la cantidad poniéndole fin a nuestra semana de trabajo, mostramos nuestra fe, nuestra confianza en el Santo Rey, como el único Proveedor de todas nuestras necesidades. Esto es, por tanto, preparar "la comida de la *fe perfecta*". Al servir en nuestras comidas del Shabat este sustento de *emuná*, de fe, santificamos nuestra subsistencia; elevamos los campos materiales, de los cuales tomamos nuestra cosecha semanal, hacia huertos espirituales y sagrados.

Entonces, luego de haber recitado la plegaria del *Kabalat Shabat*, nos sentamos a comer la primera comida del Shabat. Antes de compartir la abundancia que hemos recolectado del "campo", elevamos un saludo reconociendo a la *Shejiná* - el Huerto Sagrado - como el canal de nuestra subsistencia y como la presencia espiritual en cuyo honor se sirve la comida de la noche del Shabat: *"Preparad la comida del Rey. Esta es la comida del Jakal Tapujin Kadishin"*. ⓥⅡ

INVARIABLE Y ETERNA

La santidad de las Festividades se determina mediante la declaración humana, pero la santidad del Shabat es de un orden diferente. El Shabat fue lo primero en ser llamado santo en la Creación - su santidad proviene directamente de Dios.

En la exaltada santidad que Dios le dio al Shabat es invariable y eterna. Lo invariable de su naturaleza permite que su santidad no se vea afectada ni por la piedad humana ni por su maldad. Aunque nos olvidemos del Shabat, su santidad no se ve afectada. Su naturaleza eterna hace que esta santidad sea eterna. Cada vez que volvemos a guardar el Shabat, su santidad está allí para mostrarnos el camino.

(*Likutey Halajot, Shabat* 7:7)

VII

ZEMIROT – CANCIONES:

UN ACTO SIMPLE DEL CORAZÓN

VII

LUEGO DE COMER, EL ARI ENTONABA
UNA CANCIÓN DE SHABAT CON UNA VOZ ARMONIOSA.
ÉL MISMO COMPUSO TRES DE ESTAS ZEMIROT, CANCIONES,
UNA PARA CADA COMIDA,
BASADAS EN LOS MISTERIOS OCULTOS
ASOCIADOS CON EL SANTO DÍA.

(MINAGUEI HAARI, INIA NEI SHABAT 24)

El acercamiento a Dios y el desarrollo de una proximidad con Él comienzan en general con actos muy simples: orar, realizar buenas acciones, hablar con Dios, cantar y bailar. Si bien el estudio de la Torá es esencial y la agudeza de nuestro intelecto pueden acercarnos al logro de nuestros objetivos elevados, no pueden tomar el lugar de las devociones simples del corazón.

Aquél que se embarca por primera vez en el camino hacia Dios tal vez sienta que las enseñanzas del judaísmo son muy intrincadas y complejas. Como principiantes, numerosos conceptos de la Torá nos resultan nuevos y difíciles de comprender; la amplitud inmensa de la Halajá, el corpus de la ley y la praxis de la Torá, que abarca todos los aspectos de la vida, puede llegar a intimidarnos. Acercarnos a Dios puede parecer entonces algo muy difícil, un objetivo cuya realización está más allá de nuestro alcance. Pero los actos simples del corazón son como pequeños peldaños que pueden llevarnos en el viaje de la vida mucho más lejos de lo que podríamos haber imaginado.

Y aunque estemos familiarizados con las enseñanzas judías, aun así la simple devoción no pierde su efectividad. Aunque es verdad que la cercanía a Dios depende del estudio de la Torá, si ese estudio es tomado sólo como una búsqueda del intelecto, no contribuye en nada a la experiencia de Su proximidad. El conocimiento de la Halajá, si bien también es esencial para encontrar el camino hacia Dios, no es garantía de que efectivamente podamos alcanzar nuestro objetivo. Si nuestras devociones intelectuales llegan a tomar un mal camino o se estancan, sólo será el combustible que proviene de las devociones simples del corazón el que nos permitirá volver a retomar el sendero.

7° Cielo

Esta es la suma y sustancia de las *zemirot*, las canciones especiales que se cantan en la mesa del Shabat. Cantar con alegría desde lo más profundo de nuestros corazones - canciones sobre la revelación de la Unidad de Dios y de Sus abundantes bendiciones, canciones de nuestro amor por Dios y de nuestro gran deleite en el Shabat - es una de las maneras más seguras de acercarse a Dios. **VII**

Simplicidad

La fuerza pura de la simplicidad es esencial para la realización de nuestro potencial como judíos; y hay muy pocas cosas que puedan llegar a estar a la altura de la pureza y de la simplicidad de las canciones de la mesa del Shabat. Cuando dejamos de lado nuestra vergüenza y cantamos en voz alta las *zemirot* del Shabat, descubrimos y nos conectamos con la esencia misma de nuestro judaísmo.

(*Likutey Moharán* II, 104)

VII

RELACIONES CONYUGALES:

DELICIAS SAGRADAS

VII

LAS RELACIONES CONYUGALES SON UN ONEG,
UNO DE LOS PLACERES FÍSICOS,
ASOCIADOS CON EL SHABAT.

(RAMBAM, LEYES DEL SHABAT, CAP.30;
SHULJAN ARUJ, ORAJ JAIM 281:1)

Observar el Shabat ejerce un poderoso y penetrante efecto en el dinámico equilibrio de cuerpo y alma. En el Shabat, el flujo adicional de energía espiritual y la dosis extra de alegría aumentan el poder del alma. Entonces y más que en cualquier otro día de la semana, el alma obtiene la fuerza para canalizar los deseos físicos y los impulsos del cuerpo. El Shabat le da a nuestra vida un vuelco a favor del alma.

El ascenso del alma durante el Shabat le permite al cuerpo poner en perspectiva sus impulsos, instintos y deseos. Así, disfrutar de los diversos deleites físicos asociados con el Shabat es considerado una mitzvá; estos placeres están ordenados por Dios y disfrutarlos es cumplir con Su voluntad. El Shabat es por tanto el tiempo de las comidas festivas, de las ropas finas y de una actitud más descansada. Al atemperar los deseos del cuerpo, éstos y otros placeres físicos del Shabat se purgan de su potencial para lo profano; de hecho, se imbuyen de santidad. En este día los deleites del cuerpo benefician también el alma.

La noche del viernes es así el momento ideal para las relaciones conyugales. Aunque el deseo sexual puede ser uno de los impulsos más poderosos del cuerpo, el alma, fortalecida y elevada en el Shabat, es capaz de infundirle santidad, reforzando la conexión de la pareja con Dios y generando profundo amor y entrega entre marido y mujer. Este es un componente esencial de las relaciones maritales y la clave para la unidad sagrada de la familia. ⑦

VII

DORMIR:
RENOVACIÓN
DEL ALMA

VII

A LA MAÑANA DEL SHABAT ES COSTUMBRE
COMENZAR LOS SERVICIOS EN LA SINAGOGA
UN POCO MÁS TARDE QUE DURANTE LA SEMANA.
LA RAZÓN PARA ESTA COSTUMBRE
ES QUE DORMIR ES UN ONEG,
UNO DE LOS PLACERES FÍSICOS
DEL SHABAT.

(KITZUR SHULJAN ARUJ #76:10)

Cada noche, cuando nuestros cuerpos y mentes descienden al dominio del sueño, nuestras almas se liberan de este mundo y ascienden al ámbito del espíritu. Pues el sueño, al tiempo que reduce la conciencia de la mente, le abre el camino para un aumento de la conciencia del alma. Cuando el sueño se hace cargo del cuerpo, el alma se renueva.

No importa cuántas horas uno duerma durante las otras noches de la semana, dormir en Shabat tiene el efecto estimulante de rejuvenecer el alma. El séptimo día posee una santidad inherente que, aparejada a la santidad que generamos con cada una de las devociones, vence las fuerzas que impiden el avance del alma a través de los ámbitos espirituales. Nuestras almas se apuran a tomar la efusiva energía espiritual que acompaña nuestro viaje a través del Shabat. Mientras que nuestros cuerpos disfrutan el descansado dormir que trae el Shabat, inducido por el abandono de las tareas de la semana, nuestras almas buscan esos ámbitos donde la comprensión y la percepción espiritual son más refinados.

La costumbre de dormir un poco más durante la mañana del Shabat y comenzar las plegarias matutinas en la sinagoga un poco más tarde que durante los demás días de la semana les permite a nuestras almas disfrutar un poco más de la exaltada atmósfera de renovación espiritual que encuentran en el sueño del Shabat. Al despertar, nos sentimos plenos de un fresco influjo de conciencia espiritual que nos motiva a declarar: "Te agradezco, Rey viviente y eterno, pues con gran compasión Tú has restituido mi alma dentro de mí". ⬤

3

VII

SHABAT: LA MAÑANA

VII

VII

LA MAÑANA:
INTRODUCCIÓN

VII

DIOS NUESTRO Y DIOS DE NUESTROS PADRES,
PLÁZCATE HALLAR FAVOR EN NUESTRO DESCANSO,
SANTIFÍCANOS CON TUS MITZVOT...
LÉGANOS CON AMOR Y BUENA VOLUNTAD TU SAGRADO SHABAT,
Y QUE TODO ISRAEL... DESCANSE EN ÉL.
BENDITO ERES TÚ, DIOS, QUE SANTIFICA EL SHABAT.

(PLEGARIA DE LA MAÑANA DEL SHABAT)

L a mañana del Shabat es un tiempo que se caracteriza por una expansión de la conciencia. Los Kabalistas nos dicen que el influjo especial de la inspiración de Dios que desciende al mundo durante la mañana del Shabat es la luz de Keter, La Divina emanación de la "Corona" de Dios. Ellos llaman a esta extraordinaria radiación de espiritualidad superior el "Pensamiento Superno", lo que es una metáfora para describir los más exaltados niveles de conciencia superior. Esta conciencia se manifiesta en nuestra realidad mundana en la forma de chispazos de conciencia expandida, como los pensamientos de santidad y las profundas percepciones espirituales que podemos alcanzar durante la mañana del Shabat.

Es lógico entonces, que el brillo de *Keter* haga de la mañana del Shabat el momento más elevado y espiritualmente inspirado del día. Aun así muchos consideran que es la noche del viernes, con la exaltada plegaria del *Kabalat Shabat* y la suntuosa primera comida, el momento más elevado del Shabat. Otros sienten que es la tarde del Shabat el punto culminante de la semana, en especial durante la tercera comida.

La mañana parece ser el momento del Shabat en que la gente se siente menos inspirada espiritualmente. Pero aun así los Kabalistas nos dicen que la conciencia superior a la cual podemos despertar en la mañana del Shabat no tiene igual.

Quizás el motivo de que no nos sintamos excepcionalmente inspirados durante la mañana del Shabat sea que nos falta la necesaria sensibilidad espiritual para asimilar la incomparable irradiación de *Keter*. Tal vez toda nuestra preparación para el Shabat y la espiritualidad adicional que ha introducido la noche del viernes en nuestras vidas no sean suficientes; es posible que aún seamos incapaces de asimilar los exaltados niveles de conciencia de Dios que irradian desde la más elevada emanación

Divina. Como una corona, la luz de *Keter* se encuentra por sobre la cabeza, adornándola pero siempre manteniéndose distinta y separada de ella. Así, incluso durante la mañana del Shabat cuando, más que en ningún otro momento de la semana, el Pensamiento Superno se encuentra a nuestro alcance intelectual y espiritual, sólo lo percibimos como un chispazo huidizo de inspiración, como un nivel de conciencia que podemos alcanzar por un instante pero que no podemos retener.

Pese a lo elusivo de *Keter*, su brillo es tan potente que despierta en nosotros la necesidad de expandir nuestros horizontes espirituales. Incluso en la forma de una fugaz chispa de inspiración, la conciencia que imparte Keter nos lleva a buscar percepciones más profundas en la Torá y en nuestra existencia. Es esta conciencia expandida la que define con más fuerza la atmósfera distintiva de la mañana del Shabat.

El ambiente de la mañana del Shabat está imbuido de la influencia del patriarca Abraham (así como el ambiente del viernes por la noche recibe la influencia de Itzjak). Abraham contribuye a este momento de ampliación de la conciencia con sus cualidades características de expansión - una amplitud y generosidad que llevan a acercarse a los demás, un despertar y un anhelo del espíritu que llevan a acercarse a Dios. Como tal, la mañana del Shabat representa la promesa de nuevos despertares, con la modalidad activa y expansiva que tenía Abraham para encarar el mundo.

Aludimos a esta atmósfera distintiva en la bendición central de la sección de la plegaria de la *Amidá*, que captura la atmósfera de cada uno de los marcos temporales del Shabat.

Dios nuestro y Dios de nuestros padres, plázcate hallar

favor en nuestro descanso, santifícanos con Tus Mitzvot... que todo Israel... descanse en él.

A diferencia de la plegaria de *Maariv* del viernes por la noche, en la cual nos referimos al Shabat como "ella", en la plegaria de *Shajarit* de la mañana nos referimos al Shabat en términos masculinos: "que todo Israel... descanse en *él*".

Los Kabalistas nos dicen que durante la mañana del Shabat todos nosotros, tanto hombres como mujeres, recibimos el aspecto masculino de la *neshamá iterá*, la medida adicional de energía espiritual que desciende en el Shabat. Invocamos el aspecto masculino de esta "alma adicional" mediante las plegarias de *Shajarit* y de *Musaf* y a través del reconocimiento del *Atika Kadisha*, la entidad espiritual correspondiente a *Keter*, cuya presencia ilumina la comida de la mañana del Shabat. Podemos también discernir atisbos del arquetipo masculino en esas cualidades de Abraham que le otorgan a la mañana del Shabat su ambiente tan particular - en el anhelo de una mayor pureza espiritual que nos inspira a sumergirnos en la mikve por segunda vez; en nuestra lectura de la porción semanal de la Torá, exponiendo y ampliando su significado para descubrir una mayor coherencia y despertar un nuevo sentido en nuestras propias vidas; y en nuestra búsqueda de Dios, expandiendo el día del Shabat a través de la plegaria, del estudio y de las buenas acciones.

Durante la mañana del Shabat le damos expresión al modo abarcador, hacia afuera y hacia arriba, expandiendo la iluminación que hemos recibido a través del modo introspectivo del viernes por la noche. Al hacerlo, reemplazamos el estado de receptividad con su contraparte activa, en el momento en el que se imponen la expansión de la conciencia y el alcance de mayores niveles de conciencia de Dios. ⬤

VII

SUMERGIRSE EN LA MIKVE:

VOLVER Y RETORNAR

VII

EL NIVEL DE SANTIDAD DEL DÍA DE SHABAT
SOBREPASA EL DE LA NOCHE DEL VIERNES.
PARA BENEFICIARSE DE ESTA SANTIDAD MÁS ELEVADA,
ALGUNOS TIENEN LA COSTUMBRE DURANTE LA MAÑANA DEL SHABAT,
DE VOLVER A SUMERGIRSE EN LA MIKVE
(EL BAÑO ESPECIAL EN EL CUAL NOS SUMERGIMOS EL VIERNES
PARA CONTRARRESTAR LA INFLUENCIA DEL ÁMBITO PÚBLICO).

(MINAGUEI HAARI, INIANEI SHABAT 26)

*L*a *teshuvá* es un acto de penitencia, es un "empezar de nuevo". La *teshuvá* es un volver a Dios, es restaurar nuestra conexión con Él. La *teshuvá* es purificación; es un acto de autotransformación y curación. La *teshuvá* es un sendero de conciencia lúcida, para el discernimiento de niveles superiores de la conciencia de Dios.

En todas sus definiciones, la *teshuvá* es un proceso.

Comenzamos el proceso de la *teshuvá* desde el nivel de percepción espiritual que poseemos en un momento determinado. Cuando logramos llegar un poco más cerca de Dios, nuestra percepción se expande. Comprendemos entonces que las primeras etapas de nuestra *teshuvá*, aunque eran sinceras y de todo corazón, sólo fueron "completas" con respecto a nuestro anterior nivel de percepción; que nuestra *teshuvá*, de hecho tiene fallas con respecto a nuestro más refinado reconocimiento actual de Dios.

Por consiguiente apuntamos nuestro objetivo hacia una *"teshuvá* mejor" - un arrepentimiento más abarcador en un nivel más elevado de cercanía, una medida más completa de curación y de autotransformación. Esto implica una nueva fase de *teshuvá* - *teshuvá* por sobre nuestra anterior e incompleta *teshuvá*. Guiados por una mayor percepción y una conciencia más elevada adquirida a través de nuestra anterior *teshuvá*, nos sentimos impelidos a encarar una nueva *teshuvá*. Así como nos embarcamos en un proceso continuo de "volver y retornar", buscando cada vez una *teshuvá* superior a la anterior.

La raíz etimológica de la palabra *teshuvá - shavta*, "retornar" - tiene las mismas letras hebreas que la palabra *Shabat* (). Shabat y *teshuvá* son - por definición - conceptualmente uno: cuando nos deleitamos en el   Shabat se nos perdonan los pecados. Cuando nos abstenemos de hacer nuestras tareas semanales y nos alejamos de las actividades diarias que nos distraen y alejan de Dios, retornamos a Dios y así restauramos algo de la cercanía original de nuestra alma con Él. Cuando oramos con concentración y sentimos la alegría del Shabat, accedemos a una vigilia más intensa y a un nivel más elevado de conciencia de Dios.

Más aún, el Shabat y la *teshuvá* comparten ciertos elementos dinámicos. Así como la santidad del Shabat crece en intensidad con cada hora que pasa, nuestra *teshuvá* crece con cada intento de volver y retornar, con cada grado de curación y de conciencia espiritual que introducimos en nuestras vidas.

En cada ciclo de la *teshuvá*, las primeras fases son un paralelo de la conciencia del viernes por la noche; pues ambas significativas coyunturas implican tomar los primeros pasos hacia una vida espiritual más comprometida. Las siguientes fases de nuestra *teshuvá* corresponden al nivel superior de conciencia del Shabat a la mañana.

Es para prepararnos para este nivel superior que nos volvemos a sumergir una vez más en la mikve, pues sus aguas, como el acto de *teshuvá*, imparten pureza espiritual. Mediante este "retorno", esta segunda inmersión, estamos de hecho haciendo *teshuvá* de nuestra anterior *teshuvá*. Salimos de las profundidades del agua preparados para un nivel superior de la conciencia del Shabat. **VII**

TESHUVÁ DURADERA

La *teshuvá* de la semana nace de un impulso espontáneo por materializar nuestro potencial innato y alcanzar una mayor cercanía con Dios. Nos sacude del ensueño confortable de la vida. Pero esta chispa inicial de crecimiento interior, a menos que sea aventada, pronto desaparece y volvemos a estar casi igual que antes.

La *teshuvá* del Shabat nace de un desarrollo interior, guiado por la reflexión y el propósito. Nos sumergimos en ella cuando dejamos de lado lo cotidiano, con la mente tranquila debido al descanso y el reposo de la santidad. La *teshuvá* del Shabat – aun si la experimentamos durante la semana - se mantiene y da como resultado una duradera cercanía con Dios.

(*Likutey Moharán* I, 79)

VII

LA PLEGARIA DE SHAJARIT:

MILES DE LUCES BRILLANTES

VII

LA SIGUIENTE BENDICIÓN SE INCLUYE
EN LA LITURGIA [DE LA PLEGARIA DE LA AMIDÁ]
... EN LA MAÑANA DEL SHABAT:
"MOSHÉ SE REGOCIJÓ EN EL REGALO DE SU PARTE..."

(RAMBAM, EL ORDEN DE LA PLEGARIA, LAS PLEGARIAS INCLUIDAS #1)

Moshé se regocijó en el regalo de su parte,
pues Tú lo llamaste un fiel servidor.
Le diste una hermosa corona para su cabeza,
cuando estuvo ante Ti sobre el monte Sinaí.
Y él bajó dos tablas de piedra en su mano,
en las cuales estaba inscrita la observancia del Shabat.

Enseña la Kabalá:

Cuando Moshé ascendió al monte Sinaí para recibir la Torá, el Cielo le otorgó la irradiación de mil luces brillantes. Más tarde, sin embargo, cuando el pueblo judío transgredió con el Becerro de Oro, todas estas luces desaparecieron a excepción de una milésima parte de ellas. Sin embargo, dado que Moshé mismo no había transgredido, Dios lo compensó con un brillo menor proveniente de las "coronas" con las cuales Él había agraciado al pueblo en el Sinaí, pero que les había quitado cuando pecaron.

Cada Shabat, la medida adicional de santidad que desciende durante el día permite que se restaure el brillo original de Moshé. Él, a su vez cede la luz que era del pueblo judío, pues ya no desea mantenerla, dado que le basta con su propia luz. Esto se encuentra indicado en la frase "Moshé se regocijó en el regalo de su parte" – la porción que le ha sido devuelta.

Moshé no tiene ningún interés en recibir un beneficio personal por su propia rectitud; su sincero deseo es que el pueblo judío pueda nuevamente ser digno de su luz, la luz manifiesta en la iluminación adicional de santidad otorgada a cada judío que observa el Shabat (Shaar HaKavanot, Kabalat Shabat #1).

Estas "luces" representan modos y dimensiones de la percepción y comprensión espiritual. La luz es una metáfora universal para designar la conciencia: cuando somos incapaces de comprender algo, hablamos de estar "en la oscuridad" y de buscar maneras de "traer luz a la situación"; si un pensamiento o una idea inspirada encienden la proverbial lámpara en nuestras cabezas, decimos que hemos sido *iluminados*; se dice que una extraordinaria irradiación emana del rostro de los sabios; y la sabiduría, tal cual está descrita en el Libro de los Proverbios (4:9), es una "corona" de magnífico brillo.

Durante la semana, todas las mañanas nos colocamos los *tefilín* en la cabeza y en el brazo a la altura del corazón. El receptáculo de cuero de los *tefilín* y los pergaminos que contiene actúan como "receptores espirituales" - haciéndonos más sensibles a la luz de la conciencia. En el Shabat, sin embargo, no se usan los *tefilín*, pues durante el Shabat recibimos la inspiración y un aumento de la sensibilidad espiritual a partir de la atmósfera única de este día - a través de sus numerosas mitzvot: las leyes rituales, las costumbres y las plegarias especiales del Shabat.

Así, en la liturgia de las plegarias de la mañana del Shabat nos referimos al regocijo de Moshé por haber recibido el regalo de una conciencia superior y la corona de belleza que Dios le colocó en la cabeza. El mencionarlo nos hace recordar que también nosotros tenemos motivos para regocijarnos - con la inspiración adicional que despierta en nosotros la luz de la conciencia del día de Shabat. ⅶ

VII

LA LECTURA DE LA PORCIÓN DE LA TORÁ:
EL MAPA REAL DE LA VIDA

VII

MOSHÉ RABEINU INSTITUYÓ
LA LECTURA PÚBLICA DE LA TORÁ DURANTE EL SHABAT
(Y DURANTE LOS LUNES Y LOS JUEVES).
LUEGO DE LA PLEGARIA DE SHAJARIT
DEL SHABAT POR LA MAÑANA,
SIETE PERSONAS SON LLAMADAS A LEER LA TORÁ.

(RAMBAM, LEYES DE LA TEFILÁ, CAP. 12:1, 15)

Luchamos por comprender el significado de nuestras vidas dentro del amplio contexto de nuestra existencia. Incluso luego de habernos comprometido a vivir de una manera espiritual, colocando a Dios en todo lo que hacemos, no siempre somos capaces de encontrar significado y descubrir el propósito en los sucesos diarios y en las diversas situaciones de nuestras vidas.

Nosotros, los seres humanos, sólo vivimos inspirados - estamos espiritualmente "vivos" en un momento determinado - en la medida en que nuestra experiencia de la vida tenga significado y sea coherente y consistente con nuestra comprensión más amplia de las cosas. Cuando podemos ver cómo un suceso o una situación específica cuadran dentro del rompecabezas de la vida, aceptamos ese nuevo elemento de modo que impulse nuestro crecimiento espiritual. Pero en general su encaje está lejos de ser obvio. El rompecabezas parece desarmado, con sus piezas mal colocadas; somos incapaces de comprender su lugar y propósito en el cuadro más amplio. Sin esta comprensión, perdemos su significado y coherencia y de este modo nos elude la inspiración espiritual.

Dice el Midrash que Dios miró en la Torá y diseñó el mundo, (*Bereshit Rabah* 1:1); así fue creado el mundo. Lejos de ser un simple relato del comienzo y una crónica de la humanidad, la Torá es el plano y el mapa espiritual del universo. Sus letras hebreas, siendo los bloques constructivos elementales del texto sagrado, son mucho más que meras cifras - son los transmisores de la Voluntad de Dios. Como conductos del diseño Divino, las letras de la Torá no sólo describen la realidad, sino que la definen. Su ordenamiento en palabras y versículos describe la infraestructura misma de la existencia – todo, desde los macroelementos del cosmos hasta los microelementos de los universos personales del hombre.

Para descifrar el diseño de su mundo personal e individual, el hombre también debe consultar la Torá. A través de sus letras, de sus palabras y de sus versículos, la Torá puede revelarse como el mapa real de la vida. Sus capítulos y porciones forman la matriz en la cual los eventos y las circunstancias de cada día encuentran conexión y contexto dentro del cuadro mayor de la existencia.

Para descubrir estas conexiones y los significados que revelan, necesitamos estudiar el mapa - leer, analizar e interpretar la Torá. Es natural leer la Torá a través del filtro de las lentes personales de cada uno. Instintivamente somos llevados hacia aquellos elementos que intrínsecamente reflejan nuestras situaciones y temas individuales; los versículos nos hablan a través del prisma de las condiciones propias de nuestras vidas. Esto es legítimo; de hecho, es esencial para nuestra comprensión del rompecabezas de nuestras propias vidas. Al leer en profundidad aquellas partes de la Torá que reflejan nuestras situaciones personales, descubrimos la conexión en la aparente desconexión; descubrimos el significado de la coherencia que impulsa el crecimiento espiritual inspirado.

Los sabios dividieron las Escrituras, los Cinco Libros de la Torá, en porciones semanales, y dividieron cada porción semanal en siete secciones, una para cada día de la semana. Pero el Shabat a la mañana leemos la porción semanal completa. Cada porción de la Torá - en las palabras y versículos formados por sus letras - incluye todos los sucesos y situaciones que han tenido lugar durante la semana que pasó. Prestándole atención a la lectura de la Torá durante la mañana del Shabat, podemos escuchar los ecos de los temas personales y de las consideraciones individuales de la semana pasada; podemos escuchar también la coherencia y el significado, despertando al reconocimiento de su lugar y propósito dentro del cuadro completo de nuestra existencia.

VII

LA LECTURA DE LA HAFTARÁ:

MAESTROS DE LA FE

VII

LUEGO DE LA LECTURA DE LA TORÁ,
LEEMOS LA HAFTARÁ,
UNA SECCIÓN DE UNO DE LOS LIBROS DE LOS PROFETAS
QUE COMPARTE ALGÚN TEMA
CON LA PORCIÓN SEMANAL DE LA TORÁ.

(SHULJAN ARUJ, ORAJ JAIM 284:1)

CIERTA VEZ SUCEDIÓ QUE LOS GENTILES
DECRETARON LA PROHIBICIÓN DEL ESTUDIO DE LA TORÁ.
EN LUGAR DE LA PORCIÓN DE LA TORÁ,
SIETE PERSONAS ERAN LLAMADAS
A LA LECTURA DE UNO DE LOS LIBROS DE LOS PROFETAS...
AUNQUE EL DECRETO FUE RESCINDIDO MÁS TARDE,
SE MANTUVO LA COSTUMBRE DE LEER DE LOS PROFETAS.

(MISHNÁ BRURÁ, IBID.:2)

*E*n cada generación hay *tzadikim*, individuos justos, cuya percepción y conciencia espiritual de Dios provienen de un nivel de inspiración Divina. Esta inspiración es en cierta manera similar a la profecía. Al igual que los profetas, el tzadik es una persona con una fe pura y poderosa; y, como los profetas, es capaz de fortalecer en los demás la fe en Dios.

Un Shabat, hace más de tres mil trescientos años, Dios reunió al pueblo judío en el monte Sinaí y le dio la Torá con ese mismo propósito: infundir fe al mundo. El Santo le entregó las Tablas con los Diez Mandamientos a un ser humano de fe pura y poderosa, instruyendo al *tzadik*, a Moshé *Rabeinu* (nuestro maestro), a que diseminara las enseñanzas de la Torá y con ello fortaleciera a los demás en su fe en Dios.

Cada Shabat, a lo largo de las generaciones, los judíos vuelven a vivir la Entrega original de la Torá. Reunidos en la sinagoga, escuchamos la lectura comunal de la porción semanal de los Cinco Libros de la Torá y la continuamos con el recitado de la *Haftará*. Con esta lectura de uno de los Libros de los Profetas afirmamos que no sólo la fe de nuestros antepasados sino que también nuestra propia fe proviene primariamente de los verdaderos profetas - de los *tzadikim* - que son los receptores de la inspiración Divina de cada generación.

Hace dos mil años, los sabios del Talmud comprendieron muy bien esta conexión entre los profetas y la fe en Dios de los judíos. Cuando los gentiles que gobernaban al pueblo judío emitieron un decreto en contra del estudio de la Torá, intentando que fuera olvidada la Palabra de Dios, los sabios instituyeron la lectura comunal de uno de los Libros de los Profetas. Esta lectura pública de las palabras de los profetas aseguró que la Torá sería siempre recordada y - como otra forma de volver a vivir la Entrega de la Torá - fortalecería la fe del pueblo.

Hoy en día, aunque el decreto de los gentiles ya fue olvidado, mantenemos la costumbre de la lectura semanal de la *Haftará*. Leemos una sección de uno de los Libros de los Profetas para mostrar que también hoy en día, nuestra única esperanza de cumplir con la Torá y de no olvidar sus enseñanzas depende de nuestra conexión con los tzadikim quienes, a través de su inspiración Divina y de su fe pura, revelan en cada generación la presencia de Dios. Ⓥ

VII

LA PLEGARIA DE MUSAF:

ORAR POR PASIÓN, ORAR POR MEDIOS

VII

EL TIEMPO PARA RECITAR LA PLEGARIA DE MUSAF
COMIENZA INMEDIATAMENTE DESPUÉS DE FINALIZADA
LA PLEGARIA DE SHAJARIT DE LA MAÑANA.
ESTA PLEGARIA ES UN PARALELO DE LA OFRENDA DE MUSAF
PRESENTADA EN EL SANTO TEMPLO
QUE COMENZABA INMEDIATAMENTE DESPUÉS
DE HABER OFRECIDO EL SACRIFICIO TAMID DE LA MAÑANA.

(SHULJAN ARUJ, ORAJ JAIM 286:1; MISHNÁ BRURÁ, IBID.1)

T ener la motivación y el deseo de cumplir con alguna mitzvá de la Torá no nos asegura que lleguemos a hacerlo, si no tenemos los medios requeridos para ello. Es posible que *queramos* mejorar nuestra observancia del Shabat pero que no encontremos tiempo para estudiar más en profundidad sus leyes. Tal vez *queramos* ser más caritativos pero nos puede faltar el temperamento que hace que una persona dé; o puede que no tengamos los suficientes medios para compartir con los demás. Si éste es el caso, entonces la única solución es orar - "transformar la Torá en plegaria", como les indicó el Rebe Najmán a sus jasidim - pidiéndoLe a Dios que nos otorgue todo aquello que nos falta y que nos impide cumplir plenamente con la mitzvá.

La plegaria de *Musaf* del Shabat es un ejemplo clásico de transformar la Torá en plegaria. Desde la destrucción del Santo Templo en Ierushalaim, hace cerca de dos mil años, ha sido imposible cumplir físicamente con la ordenanza de la Torá de ofrecer sacrificios. En lugar de ello, cumplimos con nuestra obligación de traer ofrendas a Dios al *transformar estos mandamientos en plegarias*; y Dios acepta nuestra súplicas en lugar de esas ofrendas.

Esto se hace patente en la liturgia de la plegaria del *Musaf* del Shabat. Allí Le pedimos a Dios que reconstruya el Templo, para permitirnos "cumplir los ritos de nuestras ofrendas requeridas: las ofrendas diarias, *Tamid*, según su orden y las ofrendas adicionales, *Musaf*, de acuerdo con sus leyes". Al transformar los mandamientos de la Torá asociados con la plegaria de *Musaf* en súplicas y plegarias, traemos "sacrificios" a Dios.

Sin embargo, a veces tenemos los medios para cumplir con alguna mitzvá de la Torá pero nos falta el suficiente entusiasmo y pasión para hacerlo. Podemos tener tiempo para estudiar Torá, o los recursos necesarios para ser más caritativos pero carecemos de la inspiración que les da vida a nuestras devociones espirituales. La única solución es, nuevamente, orar - *transformar la aspiración en plegaria*. Pues orar, pidiendo sentir entusiasmo en el cumplimiento de algún mandamiento de la Torá, despierta ese mismo entusiasmo. PedirLe a Dios que nos dé la inspiración que nos falta, enciende en última instancia esa misma inspiración, para que podamos cumplir *plenamente* con la mitzvá. Mientras tanto, nuestra súplica sincera pidiendo ser capaces realizar la mitzvá con inspiración y fervor es considerada por Dios como si de hecho la hubiéramos cumplido con pasión. Ya nos hemos acercado a Él. ⓥ

VII

LA DECLARACIÓN DE KEDUSHÁ:

LA CORONA DE LA CONCIENCIA

VII

EL HIMNO DE LA KEDUSHÁ (SANTIFICACIÓN)
RECITADO POR LA CONGREGACIÓN
CUANDO EL LÍDER DE LA PLEGARIA REPITE
LA ORACIÓN DE MUSAF DEL SHABAT,
COMIENZA DE LA SIGUIENTE MANERA:
"KETER (UNA CORONA) TE ES DADA,
OH DIOS NUESTRO SEÑOR".

(ZOHAR III: 242)

L a mañana del Shabat es un tiempo caracterizado por la expansión de la conciencia. En especial, durante el momento de *Musaf*, tenemos la oportunidad de despertar al influjo especial de la inspiración de Dios que brilla entonces con mucho más fulgor. Esta irradiación de espiritualidad superna surge de la *sefirá* más elevada, de *Keter* - la emanación espiritual de la "Corona" de Dios.

En el lenguaje del *Zohar*, la luz de Keter es llamada el "Pensamiento Superno". Esta es una metáfora de la conciencia superior - una conciencia que es trascendente durante la semana y que se encuentra, en esencia, más allá de los horizontes de nuestra percepción, pero que durante el Shabat se vuelve inmanente y así entra en nuestro paisaje intelectual y espiritual.

La poderosa espiritualidad que desciende al mundo en el tiempo de *Musaf* abre nuestras mentes al potencial de armonía que existe en la creación, a la coherencia y a la unidad subyacentes a todas las cosas.

Entonces, al recitar la plegaria del *Musaf,* junto con la *Kedushá* que la acompaña, recibimos este influjo de conciencia superior:

> Keter *Te es dada,*
>> *Oh, Dios, nuestro Señor,*
>> *por los ángeles, las multitudes de lo alto,*
>> *junto con Tu pueblo Israel, que se congrega abajo.*
> *Todos ellos Te dicen al unísono tres veces "Santo",*
>> *tal como está escrito por Tu profeta:*
>> *"y ellos invocan el uno al otro, y dicen,*
>>> *'Santo, santo, santo es el Dios de las huestes;*
>>> El mundo entero está lleno de Su gloria'".
> Su *gloria llena el universo;*

7° Cielo

Sus ángeles servidores se preguntan unos a otros,
   "¿Dónde está el lugar de Su gloria,
para que podamos adorarLo?".

Encabezando la lista de impedimentos para el crecimiento espiritual y la ampliación de la conciencia se encuentran dos suposiciones erróneas: la primera, que uno ya ha avanzado; la segunda, que uno nunca logrará avanzar.

Cuando recitamos las palabras de la *Kedushá* - preguntando, "*¿Aié: Dónde está el lugar de Su gloria?*" - nos dirigimos a esa parte de nosotros mismos que ha avanzado en el camino espiritual y que ya ha despertado a la conciencia expandida que acompaña el sentimiento de estar cerca de Dios. De este modo, nos preguntamos si es que realmente hemos experimentado plenamente Su Presencia, y así alentamos a nuestro aspecto espiritual a buscar mayores logros; nos recordamos que aún hay mucho camino por andar.

Cuando recitamos las palabras de la *Kedushá* - proclamando, "Meló: *El mundo entero está lleno de Su gloria*" - nos dirigimos a esa parte de nosotros que se ha extraviado en la senda espiritual y ha perdido la esperanza de volver a experimentar la amplitud de conciencia que acompaña el sentimiento de estar cerca de Dios. Al declarar que Su Presencia se encuentra incluso en los elementos cotidianos de nuestra existencia, alentamos a nuestro lado material para que se niegue a abandonar la esperanza; afirmamos que Dios está más cerca de nosotros de lo que podemos llegar a imaginar.

El brillo del Pensamiento Superior que irradia durante la mañana del Shabat al recitar la *Kedushá* de la plegaria del *Musaf* expande nuestra conciencia. Inspirados por el brillo de *Keter*, descubrimos la posibilidad de sincronizar nuestros mundos interno y externo. Alcanzamos un sentido de armonía interior que unifica el cielo con la tierra, lo espiritual con lo corpóreo - *"los ángeles, las multitudes de lo alto, junto con Tu pueblo Israel, que se congrega abajo"*. Mediante la amplificada espiritualidad de la mañana del Shabat y la unificadora conciencia que brinda, podemos descubrir el potencial para integrar nuestro yo superior con nuestra personalidad más mundana, de modo que *"ellos invocan el uno al otro, y dicen, 'Santo, Santo, Santo es el Dios de las huestes'"*. **VII**

VII

LA
SEGUNDA
COMIDA:
UNA FIESTA DE
SATISFACCIÓN
Y DE VIDA

VII

*LA MESA DEBE ESTAR PUESTA
TAL COMO LO ESTUVO PARA LA COMIDA DEL VIERNES A LA NOCHE...
LUEGO DEL KIDUSH UNO SE LAVA LAS MANOS
Y RECITA LA BENDICIÓN SOBRE DOS HOGAZAS ENTERAS DE PAN,
TAL COMO EN LA COMIDA DE LA NOCHE.*

(SHULJAN ARUJ, ORAJ JAIM 289:1)

LA COSTUMBRE ES COMENZAR CADA UNA DE LAS TRES COMIDAS DEL
SHABAT CON UN SALUDO RECONOCIENDO LA PRESENCIA ESPIRITUAL
EN CUYO HONOR SE CELEBRA LA COMIDA.
LA FÓRMULA ESPECÍFICA DE SALUDO ES DIFERENTE PARA CADA UNA
DE LAS TRES COMIDAS, DE ACUERDO CON LA PRESENCIA DE DIOS,
EL SANTO REY, QUE SE MANIFIESTA EN ESE MOMENTO.
NUESTRO INVITADO DURANTE LA SEGUNDA COMIDA DEL SHABAT
ES ATIKA KADISHA, QUIEN REPRESENTA LA EXPRESIÓN PRIMORDIAL
DE LA VOLUNTAD SUPERIOR DE DIOS.

PREPARAD LA COMIDA DE LA FE PERFECTA,
QUE ES EL DELEITE DEL SANTO REY.
PREPARAD LA FIESTA DEL REY.
ESTA ES LA COMIDA DE ATIKA KADISHA.
EL SAGRADO HUERTO (SHEJINÁ) Y ZEIR ANPIN (*)
VIENEN A UNIRSE A ÉL EN LA COMIDA.

(BASADO EN EL ZOHAR II, 88B)

(*) VER "LA PRIMERA COMIDA" Y "LA TERCERA COMIDA"

Hay niveles de comprensión de la Torá que nos llevan a una intensa contemplación. Estas profundas percepciones, que generalmente están más allá de nuestra posibilidad de entendimiento intelectual y espiritual, sólo pueden captarse cuando la persona está verdaderamente consciente. El Rebe Najmán les enseñó a sus jasidim que para alcanzar este profundo nivel de concentración uno debe ser fabulosamente rico y tener "muchos días"; indicando que ninguno de estos requerimientos debe ser tomado en su sentido literal.

La riqueza necesaria para una contemplación intensa no es aquella que se encuentra en los bancos; incluso con todas las riquezas del mundo, la persona no es rica si la ansiedad empobrece su espíritu. La genuina riqueza está constituida por una tranquilidad interior, nacida de la satisfacción por lo que uno es y por lo que uno tiene.

Tampoco "muchos días" debe ser comprendido literalmente como una larga vida; es posible vivir muchos años y haber envejecido pero no ser sabio. Una genuina vida de "muchos días" implica otorgarle a cada día una vida espiritual, ampliando las horas de cada día, llenándolas de significado y de valor, mediante actos de santidad.

Ambos aspectos esenciales - satisfacción completa y el tiempo expandido a través de una calidad de vida significativa - son facetas de la presencia espiritual conocida como *Atika Kadisha*, el aspecto del Santo Rey que predomina durante la mañana del Shabat. Los Kabalistas asocian a *Atika Kadisha* con la emanación espiritual más elevada, la *sefirá* de *Keter* - la "Corona", que irradia conciencia Divina.

Volvemos de la sinagoga a nuestro hogar, para participar de la comida de la mañana del Shabat, inspirados por la plegaria de *Musaf* y en especial por el pasaje de la *Kedushá*. Junto con esta mayor sensibilidad espiritual se presenta la oportunidad de abrir nuestras mentes a la irradiación de *Keter*. Aunque esta conciencia superior que emana de *Atika Kadisha* se encuentra más allá de nuestra posibilidad de integrarla y retenerla, ella es la fuente de las profundas percepciones de Torá que alcanzamos cuando, plenos del espíritu del Shabat, nos enriquecemos de satisfacción y expandimos el día a través de nuestras plegarias, de nuestro estudio y del cumplimiento de actos de bondad.

Así, cuando nos sentamos a comer la segunda comida del Shabat recitamos un saludo reconociendo a *Atika Kadisha* como el canal a través del cual somos llevados hacia una conciencia superior y como la presencia espiritual en cuyo honor se celebra la comida de la mañana del Shabat: "Preparad la comida de la fe perfecta... Esta es la comida de *Atika Kadisha*".

LA COMIDA DEL SHABAT

No comemos en Shabat para gratificarnos o para saciar nuestro apetito, sino para abrir los canales de la bendición que el Shabat les trae a los otros días de la semana.

(*Likutey Moharán* I, 276)

4

VII

SHABAT: LA TARDE

VII

VII

LA TARDE:
INTRODUCCIÓN

VII

DIOS NUESTRO Y DIOS DE NUESTROS PADRES,
PLÁZCATE HALLAR FAVOR EN NUESTRO DESCANSO,
SANTIFÍCANOS CON TUS MITZVOT...
LÉGANOS CON AMOR Y BUENA VOLUNTAD TUS SAGRADOS SHABAT,
Y QUE TODO ISRAEL... DESCANSE EN ELLOS.
BENDITO ERES TÚ, DIOS, QUE SANTIFICA EL SHABAT.

(PLEGARIA DE LA TARDE DEL SHABAT)

H a llegado la tarde. La luz del sol que iluminaba el cielo está disminuyendo.

Enseña la Kabalá que en el comienzo, la Luz Infinita de Dios llenaba toda la existencia. No había seres creados ni algo que pudiera caracterizarse como espacio, vacío o nada. Por tanto, cuando el *Ein Sof*, el Infinito, quiso crear el mundo, no había lugar en dónde hacerlo. Dios contrajo Su Luz Infinita para dejarle un lugar al universo, abriendo un espacio vacío donde pudieran llegar a existir el espíritu y la materia.

Los maestros de la Kabalá definieron este acto primordial de contracción Divina con el término *tzimtzum* ("contracción"), pero advirtieron que este concepto no debía tomarse de manera literal, pues es imposible aplicarLe un modelo espacial a Dios. Una traducción conceptual del principio del *tzimtzum* lo asocia con la participación humana en el proceso de la creación del mundo.

Antes de la creación del mundo, lo único que existía era la infinita plenitud y perfección de Dios. Si Dios hubiera creado el mundo perfecto y completo, como una simple extensión de Su Ser, no habrían existido la imperfección ni lo incompleto. Mediante el acto primordial del *tzimtzum*, Dios, el *Ein Sof*, contrajo y ocultó Su perfección, y así creó el concepto de imperfección y deficiencia. De este modo Dios dejó el mundo sin terminar para que el proceso creativo debiera ser completado. Este es el ímpetu detrás de toda tarea y todo afán del hombre. Los seres humanos fueron creados para ser "socios" de Dios en la Creación (ver recuadro en la próxima página).

Mientras que el *tzimtzum*, por un lado, fue el catalizador esencial de la Creación, también dio nacimiento al concepto de los *dinim*, de los "juicios": el ocultamiento de la perfección de Dios introdujo en la creación el potencial para la adversidad y el sufrimiento – los diferentes medios tras los cuales se oculta del mundo la abundante bondad del Cielo.

"En el séptimo día Dios terminó la obra que Él había hecho... Dios bendijo el séptimo día... Porque en él se abstuvo de toda tarea que Él había creado para hacer" (Génesis 2:3).

¿Cómo es? Pregunta el Midrash (*Bereshit Rabah* 11:7): ¿Acaso Dios "terminó la obra" como lo indica el principio del versículo, o Él "Se abstuvo de toda tarea" que aún debía hacerse? ¿El mundo estaba completo o se lo había dejado incompleto?

De hecho el Creador terminó la tarea que Él tuvo la intención de hacer. Lo que Dios dejó sin terminar fue el trabajo que Él "creó para que los seres humanos hicieran".

Dios podía haber hecho el mundo libre de enfermedades y de pobreza, un mundo en el cual no tuviéramos que trabajar para ganarnos la vida o esforzarnos para ser mejores seres humanos. Pero el plan Divino era hacernos Sus socios en el proceso creativo. Él "se abstuvo de toda esta tarea" y nos dejó a nosotros que completásemos la obra inconclusa de la Creación.

Cuando nos esforzamos por ocupar nuestro lugar como socios de Dios en la Creación, experimentamos estos juicios como los obstáculos que se oponen a nuestros esfuerzos por perfeccionar el mundo. Experimentamos juicios en nuestras vidas diarias en la forma de las dificultades y frustraciones que encontramos al atravesar nuestra existencia diaria; como las limitaciones que inhiben el crecimiento personal; y como las barreras que nos mantienen distantes de Dios. A nivel cósmico, los *dinim* - los juicios - son las fuerzas de fragmentación que impiden la Unidad Superior, siendo por tanto las barreras que impiden que llegue a nosotros la abundante bondad de Dios.

El proceso del *tzimtzum* tiene lugar una y

otra vez, día tras día. Durante la semana, al caer la tarde, la disminución de la luz del Sol es un paralelo de la contracción diaria de la Luz Infinita. Cada día, durante el momento de *Minja*, Dios contrae Su Luz, dejando un "espacio vacío" donde crear el nuevo día de mañana. Él oculta Su perfección, permitiendo lo incompleto y la deficiencia - los mismos factores que engendran las nuevas pruebas de mañana. Y en la dinámica, durante el momento de *Minja*, se despiertan los *dinim*.

La excepción a este proceso diario lo constituye la tarde del Shabat, la cima espiritual de la semana. Aunque durante la semana la tarde está marcada por juicios poderosos, durante el Shabat, la exaltada santidad del día, transforma el momento de Minja en un tiempo de gran favor Divino. El influjo de la abundante gracia que llena el mundo durante el Shabat contrarresta los *dinim* y toda la creación se acerca un paso más hacia la perfección.

La unidad Superior que prevalece entonces en el ámbito cósmico se refleja en las alusiones de armonía y plenitud que se manifiestan en el ámbito personal. Con la eliminación de los *dinim*, la idea de enfrentar la tarea inconclusa del mundo se presenta menos tremenda; nuestros objetivos personales y espirituales parecen estar dentro del ámbito de lo posible. Es el momento de unir la iluminación que obtuvimos a través del estado receptivo del viernes con la conciencia expandida del modo activo de la mañana del Shabat; asimilamos las cualidades de Itzjak con las de Abraham, creando un todo armonioso y unificado.

Las cualidades características del Patriarca Iaacov definen el aura de la tarde del Shabat (así como las cualidades de Itzjak definen el aura de la noche del viernes y las cualidades de Abraham definen la mañana del Shabat). Iaacov le otorga a este momento de unidad su dominante influencia de equilibrio, armonía y plenitud, alcanzados a través de la integración.

Aludimos a este ambiente distinto (tal como hicimos en la noche del viernes y durante la mañana del Shabat) en la bendición central de la plegaria de la *Amidá*.

> *Dios nuestro y Dios de nuestros padres, plázcate hallar favor en nuestro descanso, santifícanos con Tus mitzvot... y que todo Israel... descanse en ellos.*

En contraste con la plegaria de *Maariv* donde nos referimos al Shabat usando un pronombre femenino, y a diferencia de la plegaria de Shajarit, donde nos referimos al Shabat usando el pronombre masculino, en la plegaria de la tarde de *Minja* utilizamos la construcción en plural: "y que todo Israel... descanse en *ellos*".

En la tarde de Shabat, las dos caras de nuestra *neshamá iterá* (la medida adicional de energía espiritual que obtenemos en el Shabat) - el aspecto femenino que recibimos en la noche del viernes y el aspecto masculino que recibimos en la mañana del Shabat - se juntan en la armoniosa unidad de la totalidad femenino-masculina. Invocamos esta unidad mediante la liturgia de la plegaria de *Minja* a través de la bienvenida a *Zeir Anpin*, el arquetipo espiritual de la integración, cuya presencia agracia la comida de la tarde del Shabat.

Podemos sentir esta unidad arquetípica en aquellas cualidades de Iaacov que le dan al momento de *Minja* del Shabat su ambiente único, particularmente cuando nos dedicamos al estudio de la lección de Torá dada por el *tzadik* durante la tercera comida del Shabat. Con la eliminación de los *dinim*, somos capaces de abrirnos con aumentada receptividad a las palabras de este recto maestro. Estamos entonces mejor preparados para descubrir la amplia conciencia que cultivan. En este modo integrador que revela la unidad en todos los aspectos de la vida, podemos interiorizar mejor la conciencia superior investida en las enseñanzas del *tzadik*. En la medida en que logremos integrar esta conciencia, podremos encontrar nuestro propio camino hacia la plenitud. En la unidad que caracteriza el momento de Minja del Shabat, esta conciencia de Dios nos acerca a vivir como los seres humanos completos que estamos destinados a ser. ⓥⅡ

LA LUZ INFINITA DE DIOS

Cuanto más distraídos estamos por la interferencia de la estática creada por la vida diaria, más inviste Dios Su Luz Infinita en las "prendas" de lo corpóreo, para que así podamos percibirla. Es de este modo entonces como disminuye nuestra percepción de la genuina iluminación de Su Luz.

Pero en el Shabat Dios revela Su Luz Infinita invistiéndola sólo en las diáfanas vestimentas de la espiritualidad. No la detectamos a través de la *melajá-*trabajo y de la actividad diaria, sino a través de las leyes rituales y costumbres del Shabat, y mediante la serenidad única de este día de descanso. Y es así que percibimos más la iluminación de la Luz de Dios.

(*Likutey Halajot, Tejumin* 4:25)

VII

LA PLEGARIA DE MINJA:
EN LA UNIDAD DE LA ETERNIDAD

VII

Las siguientes bendiciones se agregan
en la liturgia [de la plegaria de Amidá]
... de la tarde del Shabat:
"Tú eres uno y tu nombre es uno...
Una Menujá (descanso) perfecta
en la cual Tú encuentras favor".

(Rambam, El Orden de la Plegaria, Las Bendiciones Agregadas #1)

Tú eres uno y Tu nombre es uno;
¿Quién es como tu pueblo, como Israel,
la nación única en la tierra ?.
Un adorno de grandeza y una corona de salvación,
un día de descanso y santidad
Tú has dado a tu pueblo...
Iaacov y sus hijos descansan en él:
Una Menujá de amor y generosidad,
una Menujá de verdad y fidelidad,
una Menujá de paz,
de serenidad y seguridad,
una Menujá perfecta en la cual Tú encuentras favor.

Mucho antes de que los científicos sociales abandonaran el concepto de uniformidad como un modelo para la integración social, antes de que se reemplazara el crisol de razas por el mosaico cultural, la Torá identificó la diversidad como el substrato esencial de la verdadera armonía y de la paz. Es a partir de nuestras distinciones y no de nuestras semejanzas, como florece la genuina unidad.

Sin embargo, uno podría asumir que ocurre lo contrario: que para asegurar una mayor armonía y paz necesitamos ser similares - tan iguales en nuestros intereses y actitudes como sea factible, lo más idénticos posible en nuestros gustos y prioridades. De hecho, están aquéllos que podrían argüir que éste es el objetivo básico de la religión. La verdad, sin embargo, es que la similitud no es en absoluto lo que nuestro Creador quiere para la humanidad.

Dios creó a cada individuo como una expresión única del Infinito. Él puso dentro de cada uno de nosotros una estructura mental singular y un orden distintivo de capacidades, para que cada uno de nosotros manifieste esa singularidad en todo su potencial y aprenda al mismo tiempo, a reconocer la conexión fundamental entre todas las cosas. Así, dentro de la estructura misma de la realidad de Su creación, se encuentra el inmutable principio de que *la unidad más completa emerge de la diversidad*, cuando gente con diferente mentalidad aprende a aceptarse una a la otra — reconociendo y respetando las diferencias y viviendo en armonía.

La predilección de Dios por la unidad nacida de la diversidad se manifiesta en numerosas facetas de la vida, y por supuesto también en la ley judía. En casos de disputas *halájicas*, cuando hay diversas opiniones con respecto a cómo reglamentar una ley, la Torá indica que se debe seguir a la mayoría. Este principio no surge de la noción de que el poder de los muchos determina lo correcto, ni de la conclusión lógica de que la opinión de la mayoría tienen un mayor peso intelectual. El motivo por el cual Dios favorece la opinión de la mayoría por sobre el individuo o por sobre la minoría es que esta opinión es una expresión más completa de unidad y de respeto por los demás.

Afirma el Talmud que así como no hay dos personas que sean físicamente iguales, tampoco hay dos personas que piensen exactamente lo mismo. No hay dos individuos que puedan percibir un tema exactamente de la misma manera o lleguen a conclusiones idénticas a partir de lo que han visto. La opinión de la mayoría es por lo tanto la opinión compartida por los *individuos*. Lo que a Dios Le agrada es que, pese a sus diferentes puntos de vista y perspectivas personales, todos estos individuos han articulado una sola y unificada opinión y, como uno, *se han puesto de acuerdo*.

Esta exquisita formulación de una unificada opinión *halájica* de los individuos encuentra su paralelo en la esencia cósmica del carácter de la tarde del Shabat. Cuando, en el Shabat, el sol comienza a declinar hacia el oeste, todos y cada uno de los días de la semana precedente se juntan en la unidad de esta hora de culminación espiritual. Al igual que los siete colores del arco iris que, al combinarse, retornan al blanco que los generó, de la misma manera cada uno de los días de la semana - cargados con toda su diversidad - retornan a su fuente en la unidad de la eternidad que caracteriza el interludio del momento de *Minja* del Shabat.

Es a esta eterna unidad a la cual nos referimos en la plegaria de *Minja*, y así está definido el concepto de *"menujá perfecta"*: es la unidad de Dios y del pueblo judío - la unidad que *nosotros* podemos experimentar en la "paz, serenidad y seguridad" de la tarde del Shabat. Oramos por una unidad surgida de la diversidad - del domingo, del lunes, del martes... para unirse en el "día de descanso y santidad" - y al orar de esta manera, contribuimos conscientemente a que esto suceda, tanto a nivel cósmico como a nivel personal. ⬤

UNA UNIDAD SIMPLE

Nuestro mundo cambia a velocidad vertiginosa, transformando las certezas de ayer en las dudas de hoy, y las preocupaciones de hoy en las aprensiones de mañana. Situaciones aparentemente azarosas y sin sentido transforman constantemente la realidad de nuestras vidas.

En la iluminada inspiración del momento de *Minja* del Shabat descubrimos que detrás de la confusa multiplicidad de la creación brilla la unidad simple del Único Creador. Nuestras cambiantes realidades, lejos de carecer de sentido o de ser azarosas, son el resultado del propósito de la Voluntad Divina. Este reconocimiento elimina nuestra aprensión. El mundo, en lugar de ser el centro de la confusión y de la oscuridad, se transforma en un ámbito para la manifestación de la Luz Infinita de Dios.

(*Likutey Moharán* II, 2:6)

VII

LA LECTURA DE LA TORÁ:
ENTRENAMIENTO ESPIRITUAL

VII

DURANTE MINJA...
SE EXTRAE DEL ARCA UN ROLLO DE LA TORÁ.
TRES PERSONAS SON LLAMADAS,
Y SE LEEN UNOS DIEZ VERSÍCULOS DE LA PORCIÓN DE LA TORÁ
DEL PRÓXIMO SHABAT.

(SHULJAN ARUJ, ORAJ JAIM 292:1)

*L*A PRIMERA REGLA DEL CRECIMIENTO ESPIRITUAL: *Todo ascenso comienza con un descenso - ¡nunca pierdas la esperanza!.*

En este viaje de acercamiento a Dios no debemos jamás abandonar la esperanza. Luego de cada caída – cada vez que se nos escape el objetivo que nos hemos propuesto, cada vez que nuestras acciones no coincidan con nuestros principios e ideales - debemos esforzarnos e intentarlo nuevamente. Esta resolución y determinación por "seguir pese a todo" es esencial para la realización de nuestras aspiraciones espirituales.

LA SEGUNDA REGLA DEL CRECIMIENTO ESPIRITUAL: *¡Cada esfuerzo cuenta! ¡Cada buena intención y deseo marca una diferencia!.*

La obstinación que nos permite darle la espalda a la desesperación y la tenacidad que necesitamos para mantenernos en el camino, dependen de que reconozcamos el hecho de que ningún intento se pierde, por más pequeño que haya sido. Aunque sintamos, una y otra vez, que volvemos al comienzo, todos nuestros esfuerzos son de hecho acumulativos. Cada uno de nuestros intentos construye nuestra fuerza espiritual.

Estos son los mensajes que tomamos de las tres lecturas abreviadas de la Torá. En el momento de *Minjá* del Shabat, al igual que en la mañana del lunes y del jueves siguiente leemos no menos de diez versículos de la porción de la Torá que será leída en su totalidad en la mañana del Shabat.

Completar la porción semanal de la Torá es nuestro objetivo espiritual. Comenzar y leer de manera incompleta la porción de la semana en tres ocasiones diferentes, nos ayuda a interiorizar dos principios muy importantes que nos dicen que *nunca debemos perder la esperanza* y que *todos nuestros esfuerzos e intenciones cuentan.*

7° Cielo

Al igual que las tres lecturas incompletas de la Torá, todos nuestros comienzos, todas nuestras partidas en falso y nuestros frustrados intentos, son indispensables. Es este entrenamiento espiritual que recibimos al comenzar una y otra vez, lo que nos permitirá completar nuestro viaje espiritual, del principio al fin. ⦿

VII

LA TERCERA COMIDA:

EL "ALEF" DE LA PLENITUD

VII

ES NECESARIO SER MUY ESCRUPULOSOS CON RESPECTO
A LA TERCERA COMIDA DEL SHABAT...
EL MOMENTO PARA LA TERCERA COMIDA
COMIENZA A LA HORA DE MINJA.

(SHULJAN ARUJ, ORAJ JAIM 291:1,2)

ES COSTUMBRE COMENZAR CADA UNA DE LAS TRES COMIDAS
DEL SHABAT CON UN SALUDO RECONOCIENDO LA PRESENCIA
ESPIRITUAL EN CUYO HONOR SE REALIZA LA COMIDA.
LA FÓRMULA ESPECÍFICA DE CADA SALUDO ES DIFERENTE PARA
CADA COMIDA, SEGÚN CÓMO SE MANIFIESTA EN ESE MOMENTO
LA PRESENCIA DE DIOS, EL SANTO REY.
NUESTRO INVITADO EN LA TERCERA COMIDA DEL SHABAT ES
ZEIR ANPIN, QUE REPRESENTA EL CANAL DE
PROVIDENCIA DIVINA –ABARCANDO TANTO LAS ACCIONES DE
DIOS HACIA LOS SERES HUMANOS COMO SU RESPUESTA A
LAS ACCIONES DE LOS HOMBRES.

7° Cielo

Alef es la primera letra de la palabra *Adam*, el ser humano. La primera letra de una palabra hebrea es la más significativa, pues engloba la esencial de lo que esa palabra representa.

Con una percepción directa, se podría ver en la *alef* de *Adam* la esencia del ser humano. Podríamos seguir, a lo largo de la forma de la *Alef*, todo el sendero espiritual del hombre: desde la disminución inicial del apego a lo mundano, pasando por el despertar hasta la plenitud que se logra al integrar lo espiritual.

La forma de la letra *alef* está compuesta de tres elementos diferentes: dos puntos y una línea, representados en las letras hebreas como dos *iud* y una *vav*. Cada una de las tres partes de la *alef* corresponde a una de las tres comidas el Shabat.

La primera *iud*, ubicada a la izquierda y debajo de la *vav*, alude a un estado de conciencia inferior. Este es el nivel de la comprensión humana en las primeras etapas de la búsqueda espiritual, al luchar por librarse de las empresas mundanas y elevar las chispas de santidad (ver Sección I: "Abstenerse de tareas creativas"). La *iud* inferior corresponde entonces a la víspera del Shabat, cuando nos separamos de la semana de trabajo y elevamos nuestras bendiciones desde el campo. Este es el momento de la primera comida del Shabat, la fiesta del Huerto Sagrado.

La segunda *iud*, ubicada a la derecha y arriba de la *vav*, alude a un estado de conciencia superior. Este es el nivel de comprensión humana en las etapas más avanzadas del camino, luego de haberse liberado de las ataduras mundanas y haberse sumergido en la búsqueda de la conciencia de Dios. La *iud* superior corresponde entonces a la mañana del Shabat, cuando somos llevados hacia una conciencia superior, un nivel que se encuentra más allá de nuestra posibilidad de integrarlo. Éste es el momento de la segunda comida del Shabat, la comida de *Atika Kadisha*.

Las dos *iud* están unidas por una *vav*. Tal como lo implica su forma y posición, la *vav* es un puente entre lo superior y lo inferior; es el canal que permite que la conciencia superior fluya desde arriba hacia abajo. Al unir la *iud* superior con la *iud* inferior, la *vav* completa la *alef*, haciendo un *adam* completo. A través de la esencia de la vav, podemos internalizar la conciencia Divina que emana de *Atika Kadisha*, la influencia superior que hace sentir su presencia en la mañana del Shabat.

Podemos acercarnos a la plenitud sólo en la medida en que logremos unir el cielo con la tierra, abriendo un canal que permita el flujo de la conciencia Divina. Una vez que hemos despertado a esa conciencia superior y que comenzamos a interiorizar e incorporarla, podemos llegar a ser los seres humanos completos para lo cual hemos nacido.

Nuestra búsqueda espiritual de plenitud alcanza su cima cada semana, durante el Shabat, en el momento de *Minja*. La unicidad y unidad que se manifiestan entonces en el ámbito cósmico se reflejan en nuestra integración de la conciencia superior. Esta integración es una característica de *Zeir Anpin*, el aspecto del Santo Rey que predomina en la tarde el Shabat. Al igual que la *vav*, que une los ámbitos superiores con los inferiores, *Zeir Anpin* es la faceta primaria del Santo Rey a través de la cual Dios interactúa con los seres humanos. En el momento de *Minja* del Shabat, esta interacción es facilitada por la influencia de *Zeir Anpin* y se ejerce con más fuerza.

Entonces, cuando nos sentamos para la tercera comida del Shabat recitamos un saludo reconociendo a *Zeir Anpin* como el canal para nuestra plenitud y como la presencia espiritual en cuyo honor se celebra la comida de la tarde del Shabat: "Preparad la comida de la fe perfecta... Esta es la comida de Zeir Anpin". **Ⅶ**

EL EJE DE LA SEMANA

Nuestra tradición describe la posición central del Shabat durante la semana de dos modos diferentes:

El Shabat, como culminación de los seis días de la Creación, es la esencia de la finalización y de la plenitud; en él concluye la progresión de los seis días de la semana.

Alternativamente, el Shabat es central, como el eje de una rueda de seis rayos. Es el corazón de la semana, el núcleo del cual cada día extrae su energía espiritual. Sin el Shabat, la rueda de la vida no podría girar.

(*Likutey Moharán* II, 39)

VII

UNA LECCIÓN DE TORÁ:

EL ANHELO DEL ALMA

VII

MUCHOS TIENEN LA COSTUMBRE DE CELEBRAR
LA TERCERA COMIDA DEL SHABAT,
EN LA SINAGOGA, COMO UN ENCUENTRO COMUNAL.
ES TRADICIÓN QUE LOS TZADIKIM,
INDIVIDUOS RECTOS Y PERFECTOS EN LA TORÁ,
ENSEÑAN UNA LECCIÓN EN ESE MOMENTO.

(LIKUTEY MAHAREIAJ 2, SEUDÁ SHLISHIT).

"PROCLAMARÁS AL SHABAT ONEG (DELEITE)",
DICE EL PROFETA (ISAÍAS 58.13).
¿QUE CONSTITUYE "UN DELEITE"?
ES COMO ENSEÑARON LOS SABIOS:
UNO DEBE PREPARAR LOS ALIMENTOS
Y LAS BEBIDAS MÁS DELICIOSAS
PARA LAS COMIDAS DEL SHABAT.

(RAMBAM, LEYES DEL SHABAT, CAP. 30:1,7)

7° Cielo

*E*ntre las más poderosas experiencias espirituales se encuentra aquélla que podemos alcanzar al momento de la comida. Esta experiencia - un profundo e ilimitado anhelo del alma por Dios - es conocida como la iluminación del Deseo. Los Kabalistas explican que el Deseo, otro de los nombres dados a la Voluntad Divina, es el *impulso vital* del universo. Dios quiso que el mundo llegara a la existencia, y Su Voluntad es la fuerza vital que continúa sosteniendo y energizando el universo hasta este mismo instante.

La voluntad humana, siendo una chispa de la Voluntad Divina, tiene un propósito similar. Nuestra voluntad nos sostiene; aquello que deseamos, nuestros anhelos y deseos, constituyen el impulso esencial detrás de todo lo que hacemos. Y de entre todas las diferentes maneras con las cuales aumentamos el nivel de nuestra energía y de nuestra fuerza vital, el comer es la más básica y directa. Sin embargo, es la más engañosa y la más propensa al peligro.

El alimento que ingerimos nos mantiene y nos da vida. Podemos usar esta vitalidad para intensificar nuestros placeres materiales y físicos - satisfaciendo la voluntad y el deseo del cuerpo; o podemos utilizar esa misma vitalidad para aumentar nuestra cercanía con Dios - cumpliendo así con el deseo y la voluntad básica del alma. Cuanto más se utilice esta energía y fuerza vital adquirida a través del alimento para dirigirla al deseo del alma, más crecerá la iluminación del deseo del alma.

> *Luego de que el Rabí Shimon bar Iojai completaba la tercera comida del Shabat, una voz del cielo proclamaba: "Entonces te deleitarás en Dios..."* (Zohar II, 88b).

El *Zohar* enseña que el sustento obtenido del alimento que comemos en Shabat es absolutamente espiritual; las comidas del Shabat fortalecen la voluntad del alma e impulsan - incluso en el cuerpo - el deseo de ayudar a que ella alcance su objetivo.

Este es el motivo por el cual la Torá nos indica que debemos "proclamar al Shabat *deleite*". *Oneg*, la palabra hebrea para "deleite", está compuesta por las letras *ain*, *nun* y *guimel*. La *ain* corresponde a *Eden*, Edén; la *nun* corresponde a *nahar*, un río; la *guimel* corresponde a *gan*, un jardín. *Oneg*, deleite, alude así al versículo de Génesis (2:10) que describe los primeros momentos de la Creación: "Un *río* salía del *Edén* para irrigar el *Jardín*". El *oneg* que experimentamos durante las comidas del Shabat es nada menos que la fuerza vital del universo - el río - que surge de la fuente de la Voluntad Divina – Edén - y llena el corazón – el Jardín.

Esta oleada de fuerza vital, el sustento espiritual que nutre el alma e intensifica su deseo por Dios, es más fuerte durante la tercera comida del Shabat, cuando se completan los tres elementos del oneg - cuando el río del Edén fluye y riega el Jardín.

Así, durante la tercera comida del Shabat - cuando es mayor el potencial para integrar la conciencia superior y cuando es más fuerte el deseo del alma por llenarse del anhelo infinito por Dios - el *Tzadik* enseña una lección de Torá. En la unicidad de la eternidad que caracteriza el momento de *Minja* del Shabat, la enseñanza del *Tzadik* une las almas de los presentes con la Voluntad Divina y transforma el deleite del Shabat que llena sus corazones en una iluminación del Deseo.

5

VII

SHABAT:
LA
SALIDA

VII

VII

LA SALIDA:
INTRODUCCIÓN

VII

DURANTE LA NOCHE DEL VIERNES
DIOS LE DA A LA PERSONA UNA NESHAMÁ ITERÁ,
UNA MEDIDA ADICIONAL DE ENERGÍA ESPIRITUAL,
Y EN LA NOCHE DEL SÁBADO
SE LA RETIRA.

(BEITZA 16)

En la noche del sábado comienza a desvanecerse la santidad del Shabat. Y con ella comienza a retirarse la *neshamá Iterá* - esa medida extraordinaria de sensibilidad espiritual que se manifiesta cuando cesa el trabajo la noche del viernes y que luego se desarrolla y llega a su plenitud durante el Shabat .

¿Cómo sabemos que la persona recibe una *neshamá Iterá* durante la noche del viernes? Los sabios del Talmud (Beitza 16a) lo deducen del versículo que afirma que en el Shabat Dios cesó Su labor y descansó de la tarea de crear el cielo y la tierra (ver Éxodo 31:17). La doble expresión de *"shavat veinafash"* (cesó y descansó), sugiere que en el Shabat, cuando, al igual que Dios, nosotros, los seres humanos, detenemos nuestra "creación" semanal, tenemos dos almas que disfrutan del descanso: nuestra alma básica y el alma adicional que cada uno de nosotros recibe durante el día más sagrado de la semana.

¿Cómo sabemos que esta *neshamá Iterá* nos es retirada durante la noche del sábado? Los sabios lo deducen leyendo las palabras *"shavat veinafash"* como *"shavat vay nefesh"* - tan pronto como cesa *(shavat)* y llega a su fin el Shabat, ¡ay! *(vay)*, pues parte el alma *(nefesh)*.

Aunque no podemos impedir la partida de la *neshamá Iterá*, el hecho de anhelarla nos permite retener algo de su luz. Si lamentamos la pérdida de la energía extra que obtenemos durante el Shabat, del "alma adicional", y anhelamos esa elevada sensibilidad que nos lleva más cerca de Dios, podemos retener una chispa de la *neshamá Iterá* que brillará entonces durante la semana entrante. Pues el deseo y el anhelo son el secreto de la construcción del alma.

Esta es la lección que el Rebe Najmán les transmitió a sus seguidores en conexión con la explicación del Talmud de la frase *"shavat veinafash"*, ordenando las palabras y leyendo *"shavat vay nefesh"* (ver recuadro). En un nivel básico, el Talmud relaciona estas palabras con la culminación del Shabat, pero a un nivel más profundo, el Rebe Najmán las relaciona con la partida de la *neshamá Iterá*, tal como proclamamos al comienzo del Shabat, "¡Ay, pues el alma partirá durante la noche del sábado!". Durante la tarde del viernes, la *neshamá Iterá* aún está por llegar, pero ya entonces lamentamos por anticipado su pérdida. Al anhelar esa elevada sensibilidad espiritual que inevitablemente deberá partir, hacemos que esta *neshamá Iterá* se haga presente.

La energía casi tangible que se crea debido a nuestro anhelo y que hace posible la manifestación de la *neshamá Iterá*, nos capacita también para aferrarnos a ella durante la semana. La esencia de esta *neshamá* parte durante la noche del sábado, pero mediante nuestro anhelo podemos mantener encendido su fulgor.

Durante la noche del sábado nuestro objetivo es infundirle espiritualidad a la dimensión física e imprimir en nuestra conciencia cotidiana la conciencia del Shabat. La inspiración que traemos del Shabat nos impulsa hacia la semana que está por comenzar. Esta conciencia superior nos permitirá concentrarnos a lo largo de la semana en los aspectos sutiles y espirituales de la vida; con ello aprenderemos a moderar las demandas y las presiones del mundo material que gobiernan nuestras vidas e interfieren con nuestra libertad.

Nuestro anhelo extiende el fulgor de la *neshamá Iterá* más allá de los límites del Shabat; y las mitzvot - las leyes, costumbres y liturgia - de la noche del sábado extienden la conciencia superior de Dios que hemos obtenido durante el séptimo día hacia nuestra vida cotidiana.

Durante la noche del sábado comienza a resurgir la mentalidad de la semana que buscamos vencer al comienzo del Shabat. Es momento de comenzar nuevamente a rechazar las tentaciones del mercado y los obstáculos que ello pone en el camino de la vida espiritual. Por medio de la liturgia de la plegaria de *Maariv* del sábado por la noche, imbuimos los días de la semana con la conciencia del Shabat y con la protección que ella nos brinda durante toda la semana.

Mediante la ceremonia de la *Havdalá* le traspasamos también a la semana la energía espiritual de la conciencia del Shabat. Esto se pone de manifiesto en la bendición de la *Havdalá*, cuando distinguimos lo sagrado de lo profano y el séptimo día de los seis días de la semana. Esta discriminación, aunque subraya las *diferencias* entre lo sagrado y lo mundano, es el conducto a través del cual se les imparte a los días de la semana la santidad y la conciencia superior del Shabat. Los otros elementos de la ceremonia de la *Havdalá* - la bendición sobre el vino, sobre el perfume y sobre el fuego - están diseñados para llevar a los días de la semana entrante las rectificaciones espirituales generadas por el Shabat.

Y ésta es también la razón de la *Melave Malka*, la comida que acompaña la partida de la Reina Shabat. Siendo al mismo tiempo la "cuarta" comida del Shabat y la primera de la nueva semana, *Melave Malka* comparte lo sagrado y lo profano y puede así transformar nuestro comer en un acto consciente de la mente y del alma. Es el ámbito donde podemos aplicar en nuestra vida cotidiana los niveles superiores de la conciencia del Shabat. Es por esto que la presencia espiritual del Rey David ilumina la comida del sábado por la noche; es su cualidad característica – santificar lo mundano - lo que le da a *Melave Malka* y de hecho a todo el sábado por la noche, su carácter tan especial. VII

VII

LA
PLEGARIA DE
MAARIV:
AL ABRIGO DE
LA TORMENTA

VII

LA PLEGARIA DE MAARIV LUEGO DEL SHABAT
SE RECITA UN POCO MÁS TARDE QUE LO HABITUAL,
PARA QUE LA SANTIDAD DEL SHABAT
PASE HACIA LOS DÍAS DE SEMANA.

(SHULJAN ARUJ, ORAJ JAIM 293:1)

DURANTE LOS DÍAS DE LA SEMANA,
EL PASAJE DE HASHKIVEINU DE LA PLEGARIA DE MAARIV
CONCLUYE CON LA PALABRAS:
"QUE PROTEGE A SU PUEBLO ISRAEL POR SIEMPRE".

(TUR, ORAJ JAIM 236)

Nuestros esfuerzos por construir una vida espiritual caen presa a menudo de los aspectos y las tareas de la vida cotidiana, en particular del trabajo para ganarnos el sustento. Nos gustaría darle a nuestra tarea o profesión algún sentido o significado espiritual, pero los obstáculos de la carrera y de la fortuna se cruzan en el camino nublando nuestra visión espiritual; nuestra intención es responder en todos nuestros tratos comerciales con una actitud moral elevada, pero muchas veces resulta que sacrificamos nuestros principios en el altar de la autoindulgencia y de la ganancia monetaria. Las presiones que desvían una y otra vez nuestros nobles objetivos producen innumerables baches en el camino que lleva hacia el logro espiritual en nuestras ocupaciones diarias.

Estos obstáculos nos asaltan durante toda la semana, por lo que necesitamos una medida adicional de protección para cubrirnos de las tentaciones que nos alejarían de una vida espiritual. Es por ello que concluimos el pasaje de *Hashkiveinu* de la plegaria de *Maariv* de la semana con el pedido, "Que [Dios] proteja a Su pueblo Israel por siempre".

Sin embargo, durante el Shabat, nuestra búsqueda espiritual tiene muchas más posibilidades de avanzar de acuerdo con lo planeado. Las devociones y plegarias del Shabat y la conciencia expandida que traen, debilitan las trampas del mercado, disminuyendo su influencia sobre nosotros. Durante el Shabat avanzamos sin necesidad de una protección adicional; de hecho, no hay escudo más efectivo para rechazar los impedimentos a una vida espiritual que la santidad que trae este día. Es por ello que durante el Shabat, en lugar de concluir el pasaje de *Hashkiveinu* con un pedido para que Dios cuide a Su pueblo, lo terminamos con una declaración, "Bendito eres Tú, Dios, Que extiendes sobre nosotros la *suká* (tienda) de paz".

Los sabios nos dicen que la *suká* simboliza las Nubes de Gloria que rodeaban al pueblo judío al atravesar el desierto. Estas Nubes allanaban las asperezas del camino, facilitando el sendero y protegiendo al pueblo de todo daño. Cuando declaramos que Dios extiende Su *"suká* de paz", estamos afirmando la protección superior que otorga el Shabat frente a los obstáculos que se interponen a la espiritualidad - la seguridad y la tranquilidad que sólo se hacen presentes cuando estamos envueltos bajo el abrigo de Dios.

Pero cuando termina el santo día, vuelve a presentarse la mentalidad de la semana y la atracción y los obstáculos del mercado que la acompañan. A la noche, por lo tanto, apenas finaliza el Shabat, volvemos a la liturgia de *Maariv* de la semana, orando nuevamente por la protección de Dios en el pasaje de *Hashkiveinu*. Esta plegaria, que concluye con el pedido de que Dios nos proteja, también incluye el pedido de que Dios "extienda sobre nosotros la *suká* de paz". De esta manera, durante *Maariv* de la semana también le pedimos a Dios el abrigo especial y superior del Shabat. Reconocemos que incluso durante la semana la protección de Dios, que refuerza nuestra búsqueda espiritual, proviene del Shabat - de su santidad y de la conciencia que obtenemos durante el séptimo día.

Extender la conciencia del séptimo día hacia los días de la semana implica darle al Shabat un lugar prominente en nuestras actividades, al dedicarnos a nuestras tareas teniendo en mente que el dinero que ganemos durante la semana nos permitirá adquirir buena comida, finas vestimentas y otras cosas para aumentar el honor del Shabat. De esta manera les infundimos a los días de la semana la conciencia superior del séptimo día - con la protección de la *"suká* de paz" de Dios.

Ser conscientes del Shabat durante la semana nos protege de las tentaciones de la mentalidad comercial y de la tendencia a dejar de lado nuestros principios en aras de la ganancia material.

A otro nivel, nuestra conciencia del Shabat durante la semana nos sensibiliza ante los valores elevados de la vida: dar caridad con el dinero que ganamos y hacer del estudio de la Torá y de la búsqueda de lo espiritual algo prioritario en la rutina de nuestras vidas. Nos infunde la confianza en Dios - con el reconocimiento de que nos ganamos el sustento por medio de la inteligencia, de las facultades y de los medios que sólo Él nos provee. ●

VII

LA CEREMONIA DE LA HAVDALÁ (I):

DISTINGUIR LA DIFERENCIA

VII

*LA BENDICIÓN DE LA HAVDALÁ ES RECITADA,
UNA VEZ DURANTE LA AMIDÁ DE LA PLEGARIA DE MAARIV,
EN LA BENDICIÓN:
"TÚ LE DAS AL HOMBRE COMPRENSIÓN
Y ENSEÑAS ENTENDIMIENTO A LOS MORTALES..."
Y NUEVAMENTE, ANTE UNA COPA DE VINO.*

(SHULJAN ARUJ, ORAJ JAIM 294:1)

BENDITO ERES TÚ, DIOS...
QUE HACES UNA DISTINCIÓN ENTRE SAGRADO Y PROFANO,
ENTRE LA LUZ Y LA OSCURIDAD...
ENTRE EL SÉPTIMO DÍA Y LOS SEIS DÍAS DE LA SEMANA.

(*BENDICIÓN DE LA HAVDALÁ*)

En el comienzo, cuando "la tierra estaba informe y vacía, con la oscuridad sobre la faz del abismo" (Génesis 1:1), Dios creó la *jerarquía*. Él reemplazó entonces el caos con el orden: colocó la tierra debajo y el cielo arriba; ubicó la expansión del cielo en medio de las aguas para separar las aguas superiores de las aguas inferiores; y diseñó la luminaria mayor para presidir el día y la luminaria menor para presidir la noche.

Cuando "Dios bendijo el séptimo día y lo santificó" (Génesis 2:1-3), creó la jerarquía de los días, designando al Shabat el día principal y el resto de los días como secundarios. La creación - como la introducción de un código jerárquico - estuvo entonces completa; rechazar la jerarquía dentro de este esquema del universo sobre la base de un pretendido igualitarismo sería arrojar la creación nuevamente al caos.

El Shabat es la esencia de la creación, la raíz de todo lo santo. El resto de la semana tiene un propósito sólo dentro del contexto de su relación con el séptimo día. Pero si no reconocemos el lugar primario del Shabat dentro de la creación – si no discriminamos entre la santidad del Shabat y la mundanalidad de los días de la semana - es fácil confundir el Shabat con cualquier otro día. Pues, después de todo ¿qué diferencia perceptible hay entre un día y el otro?

Sólo la introducción de un sistema jerárquico en el universo "aún informe y vacío" reemplazó al caos con la organización y el orden. Sólo nuestro discernimiento de la jerarquía - primaria y secundaria, del Shabat y los días de la semana - nos libra del caos y la vacuidad de "un día más".

Recitar la bendición de la *Havdalá* al final del Shabat nos imbuye de este reconocimiento. Mediante la ceremonia de la *Havdalá* distinguimos lo sagrado de lo profano, el séptimo día de los seis días de la semana. Paradójicamente, esta discriminación, que subraya la *ausencia* esencial de santidad durante la semana, es el puente que imparte santidad a lo mundano; es esto lo que transfiere la santidad del Shabat hacia los días de la semana. Estos seis días se rectifican y se elevan en especial por medio de los esfuerzos que hacemos durante la semana en aras del Shabat. El primero de estos esfuerzos semanales en aras de Shabat es el recitado de la *Havdalá* - introduciendo la jerarquía en una semana que "aún está informe y vacía".

*

La ceremonia de la *Havdalá* (literalmente, "separación") constituye una distinción esencial entre "lo sagrado y lo profano... entre el séptimo día y los seis días de la semana". Con estas distinciones estamos diferenciando entre dos verdades: La verdad superior y perfecta que se insinúa a lo largo del Shabat y la verdad parcial que domina los días de la semana (ver la Sección II, "El encendido de las velas").

La verdad del Shabat es una verdad prístina y absoluta - la verdad tal cual era antes de los seis días de la Creación. La verdad de los días de semana, por otro lado, es un aspecto totalmente diferente de la verdad - la verdad tal y como es desde el momento de la Creación. Pues junto con la creación del mundo llegaron a la existencia las primeras trazas de una verdad inferior, de una verdad relativa. Este fue el inevitable subproducto de la realidad emergente de nuestro universo, una realidad dual en la cual una multitud de seres creados vive sus vidas ostensiblemente separados de Dios. Esta primera falsedad de la aparente separación de Dios generó una verdad de la semana - una verdad que pide ser distinguida y refinada de la falsedad en la cual se encuentra atrapada.

Una vez que esta segunda verdad emergió en el ámbito cósmico - una verdad amalgamada, encarnada en el Árbol del Conocimiento del Bien y del Mal - pronto se hizo parte de la realidad cotidiana del hombre. Cuando Adán comió del fruto prohibido del Árbol, el primer ser humano reforzó la mezcla de verdad y falsedad, internalizándola como un componente integral de su conciencia. La verdad, antes presente y absoluta, ahora se nubló y se volvió parcial. Las diferencias, antes evidentes e inequívocas, se volvieron relativas y se hundieron en la ambigüedad. De este modo se hizo muy difícil distinguir lo sagrado de lo profano.

Al recitar la *Havdalá* distinguimos entre dos niveles de verdad. Reconocemos la diferencia entre la verdad de la semana, que emergió durante los seis días de la Creación y la verdad de la realidad que existió antes de la Creación. Es esta segunda verdad la que llegamos a conocer a través de nuestra observancia del Shabat. En el corazón de esta conciencia que otorga la *Havdalá* se encuentra el reconocimiento de que *hay* una diferencia - una diferencia muy grande; lo mundano es menos completo que lo sagrado, la oscuridad menos que la luz, y los días de semana menos que el Shabat. Cuando hacemos que esta conciencia forme parte de nuestra realidad cotidiana, les damos a los días de semana de nuestras vidas invalorables porciones de jerarquía, de verdad superior y de santidad. ⬤

VII

LA CEREMONIA DE LA HAVDALÁ (2):

EN EL CENTRO DE LA CREACIÓN

VII

EL ORDEN DE LA CEREMONIA DE LA HAVDALÁ,
MEDIANTE LA CUAL DESPEDIMOS EL SHABAT ES LA SIGUIENTE:
SE RECITA LA BENDICIÓN SOBRE EL VINO,
LUEGO SOBRE LOS PERFUMES Y LA LUZ
DE UNA VELA [MÚLTIPLE],
Y FINALMENTE SE RECITA LA BENDICIÓN DE LA HAVDALÁ.

(SHULJAN ARUJ, ORAJ JAIM 296:1)

A la noche, al partir el Shabat, volvemos a experimentar varios de los motivos que habíamos encontrado con la llegada del Shabat. Cuando recibimos a la Reina Shabat recitamos bendiciones sobre las velas, sobre los perfumes y, en el kidush, sobre una copa de vino. Ahora la despedimos de una manera muy similar, recitando las bendiciones de la ceremonia de la *Havdalá* sobre el vino, sobre el perfume y sobre la luz de una vela múltiple.

No sólo los temas sino también la liturgia de cada una de estas dos ceremonias son paralelas. En el kidush testificamos sobre la santidad superior del Shabat al recitar el pasaje de *VaIejulu*, proclamando que Dios hizo existir el mundo durante los seis días de la Creación pero que en el séptimo día cesó Su tarea y declaró santo el Shabat. En la bendición de la *Havdalá* proclamamos que Dios "separó lo sagrado de lo profano, la luz de la oscuridad... el séptimo día de los seis días de la semana".

Estos paralelos en la práctica y en la liturgia revelan el propósito principal que tienen en común recibir el Shabat cuando llega y despedirlo cuando parte: imbuir los días de la semana con la santidad del séptimo día. Podemos discernir marcadamente su relación si, en lugar de pensar el Shabat como el *final* de la semana, consideramos su lugar central en la creación tal como se refleja en su posición en el orden de los días. De hecho, el Shabat es la *mitad* de la semana – ubicado después del cuarto, quinto y sexto días y precediendo al primero, al segundo y al tercero. Las mitzvot de la llegada del Shabat son retroactivas, iluminando los tres días de la semana que ya han pasado. Las mitzvot paralelas que cumplimos inmediatamente luego de la partida del Shabat son anticipatorias, iluminando los tres días de la semana que están por delante. Su propósito es el mismo - traer la rectificación espiritual (*tikún*) a los días de la semana.

EL VINO DE LA HAVDALÁ

De acuerdo con una opinión del Talmud, la uva fue el fruto del Árbol del Conocimiento del Bien y del Mal que probaron Adán y Eva. Esto responde a la naturaleza dual del vino, que tiene la capacidad de despertar el anhelo por la cercanía a Dios - el conocimiento del bien - pero también tiene la capacidad de embotar la sensibilidad y la aspiración espiritual - el conocimiento del mal.

Los días de la semana poseen también una naturaleza dual; al igual que el vino, también se identifican con el Árbol del Conocimiento. Al recitar el *kidush* sobre una copa de vino a la llegada del Shabat, no sólo santificamos el vino sino que transformamos su capacidad para el mal en algo bueno; de este modo también les infundimos una medida de santidad a los días de la semana y así transformamos su propensión a nublar nuestras aspiraciones espirituales en una propensión a aumentar nuestro anhelo por Dios.

Cuando bebemos el vino como parte de la ceremonia de la *Havdalá*, al santificar el fruto de la vid distinguimos el bien del mal; discriminamos entre las experiencias espirituales auténticas y las espurias. En el proceso purificamos a los seis días de la semana de la falsedad y del mal que entró en ellos cuando Adán comió del Árbol del Conocimiento.

*

EL PERFUME DE LA HAVDALÁ

Nuestras almas reciben el sustento de este mundo sólo a través del sentido del olfato. La fragancia del mirto que inhalamos antes de la comida del Shabat tiene como objetivo nutrir el alma. Esta sustancia tan espiritual sirve como *"hors d'oeuvre"* de una comida completa de sustento espiritual; agudiza la atención que necesitamos para transformar nuestro comer en un acto consciente de la mente y del alma, despertando nuestro apetito por la esencia espiritual del alimento, y no meramente por la gratificación física que otorga (ver Sección II: "La Fragancia del Mirto").

En la ceremonia de la *Havdalá* y al final del Shabat nutrimos nuevamente nuestras almas con la fragancia de una hierba o de una especia aromática, para fortalecer así nuestras almas antes de volver a tomar cualquiera de las bebidas o alimentos de la semana. Pues a diferencia de las comidas del Shabat, el alimento que ingerimos durante la semana no provee un sustento esencialmente espiritual; por otro lado, tampoco solemos tomar esas comidas en la atmósfera de reflexión y de motivación espiritual inherentes a la mesa del Shabat. Así, mientras que los alimentos del Shabat proveen principalmente de un sustento para el cerebro, que es el asiento del alma, la comida que ingerimos durante la semana provee principalmente de sustento para el cuerpo.

Por tanto, en el comienzo de la nueva semana volvemos a utilizar nuestro sentido del olfato para nutrir el cerebro y darle fuerzas al alma. Nuestra esperanza es mantener, al menos hasta cierto punto, la conciencia del Shabat; poder centrarnos a lo largo de la semana en los aspectos espirituales del comer.

*

LA VELA DE LA HAVDALÁ

Encendemos las velas del Shabat el viernes a la tarde, un poco antes del final del día, para hacer que la luz de la verdad, que irradia con toda su plenitud durante el Shabat ilumine las semi-verdades de los días de la semana. El abrazo sanador de esta verdad más perfecta nos permite cultivar la sensibilidad que necesitamos para dejar de lado las verdades parciales de la semana y tener el coraje para aceptar la responsabilidad de todas las facetas de nuestra personalidad (ver Sección II: "El Encendido de las Velas").

Al partir el Shabat, antes de que la oscuridad entrante pueda cubrir las últimas trazas del brillo del santo día, volvemos a encender una luz. Recitamos una bendición sobre esta llama como parte de la ceremonia de la *Havdalá*, con la misma intención básica que tuvimos al encender las velas durante la tarde del viernes: iluminar la verdad parcial de los días de la semana con la plenitud de la verdad que irradia durante el Shabat. Sólo al extender la verdad pura del Shabat hacia la oscuridad de la semana podemos tener la esperanza de descubrir nuestra senda a través de la ilusión y de la oscuridad de los días de la semana, un estado mental que buscamos vencer al comienzo del Shabat pero que ahora ha comenzado a resurgir. ⑦

UNA ILUMINACIÓN DEL TIEMPO

El Shabat es el cimiento de la semana; es la columna central del candelabro de siete brazos. Al igual que la Menorá del Santo Templo en Ierushalaim, cada brazo de este "candelabro de la semana" mira hacia dentro, hacia el centro; es así que el cuarto, el quinto y el sexto día de la semana son iluminados por el espíritu del Shabat que viene; el primero, el segundo y el tercer día son iluminados por el espíritu del Shabat que ha pasado. Pues el Shabat ilumina el tiempo, como lo ha venido haciendo desde el comienzo de la Creación.

(*Likutey Halajot, Rosh Jodesh* 7:5)

VII

EL PROFETA ELIAHU:
LIBRE DEL TIEMPO

VII

ES COSTUMBRE RECITAR A LA NOCHE,
LUEGO DEL SHABAT, LOS VERSÍCULOS
QUE MENCIONAN AL PROFETA ELIAHU
Y ORAR PARA QUE VENGA Y ANUNCIE
LA REDENCIÓN.

(SHULJAN ARUJ, ORAJ JAIM 295:1)

El profeta Eliahu,
Eliahu el Tishbita, Eliahu el Guiladita -
Pueda venir pronto,
anunciando al Mashíaj, el hijo de David.

*L*a esclavitud, en el contexto de la vida moderna, aún debe ser abolida. Durante la semana estamos sometidos al mundo material y sojuzgados bajo sus numerosas demandas y presiones. En síntesis, somos esclavos: esclavos de nuestras ocupaciones y carreras; esclavos de nuestros compromisos y acreedores; esclavos de nuestra necesidad de proveer para nosotros mismos y para aquéllos que dependen de nosotros. Al afirmar nuestro control sobre el mundo – estampando nuestra marca en la sociedad - estamos de hecho esclavizados: nuestros cuerpos están esclavizados bajo la necesidad de lograr el cometido, nuestro tiempo está esclavizado bajo la carrera por el éxito.

La tradición judía enseña que el profeta Eliahu se hará presente en el momento de la Redención Final, para anunciar la llegada de Mashíaj. Dado que las leyes que prohiben viajar en el Shabat impiden que Mashíaj llegue durante el séptimo día, el primer momento de la semana durante el cual Eliahu podría llegar para anunciar la llegada del "ungido de Dios " (*Mashíaj*) es durante la noche que sigue al Shabat. Es por este motivo que cantamos entonces el nombre de Eliahu, llamándolo para "que llegue rápidamente, anunciando al Mashíaj, el hijo de David".

El profeta Eliahu personifica la conciencia que esperamos alcanzar cuando el Shabat queda detrás y comienza una nueva semana. Como dice la Biblia, Eliahu ascendió vivo al cielo. Su percepción de Dios había alcanzado un plano tan exaltado que su alma no necesitó separarse del cuerpo para ascender a una dimensión superior. Él entró en el ámbito de "más allá del tiempo" investido aún en su forma física.

Es por esto que Eliahu está asociado con la noche que sigue al Shabat. Mediante la atmósfera relajada del Shabat obtenemos un atisbo de lo que significa estar más allá del tiempo; al abstenernos de toda labor creativa prohibida durante el santo día, disfrutamos de un mínimo de libertad de la esclavitud al respecto del materialismo y de lo corporal. Ahora, con la semana que está por comenzar - cuando las obligaciones semanales, que hemos dejado de lado al comienzo del Shabat, comienzan a resurgir y las preocupaciones diarias están por retornar - haríamos bien en emplear esta conciencia de más allá del tiempo para que nos ayude a dejar de lado las preocupaciones del día a día que gobiernan nuestra vidas y coartan nuestra libertad.

Al cantar la alabanza del profeta Eliahu, esperamos inspirarnos en su ejemplo; tal como Eliahu se liberó de las constricciones del tiempo y de la materia, nos atrevemos a esperar que también nosotros podamos liberarnos de las demandas y presiones del mundo material. Y oramos para que el mismo Eliahu, como heraldo de la Redención, pueda anunciar nuestra redención personal; que en la semana que está por comenzar podamos experimentar una libertad espiritual, emocional, física y práctica. ⑫

Tiempo más allá del Tiempo

El Shabat es un recordatorio del Mundo que Viene; es un anticipo, en el tiempo, de lo que está más allá del tiempo.

El tiempo fue creado mediante la limitación del infinito, cuando Dios construyó cada nuevo día a través de una constricción más de la eternidad. También nosotros, durante la semana, construimos nuestros días delimitando nuestro tiempo, usando herramientas contemporáneas tales como las hojas de planeamiento y las agendas electrónicas.

Pero durante el Shabat, los ritos y los rituales del día nos devuelven al ámbito de lo eterno, al origen del tiempo que está más allá de la construcción del tiempo. Entonces logramos una percepción de más allá del tiempo... del tiempo más allá, del Mundo que Viene.

*

Vive los seis días de la semana con la conciencia de más allá del tiempo que obtienes durante el Shabat. Aprende a desligarte de las cadenas del tiempo y del trabajo y a liberarte de las ataduras mundanas que creías que te eran indispensables para la vida.

(*Likutey Halajot, Milá* 4:10, 13)

VII

LA COMIDA DE MELAVE MALKA:

HACIA LO COTIDIANO

VII

AUNQUE UNO SÓLO PUEDA INGERIR UNA PEQUEÑA
CANTIDAD DE COMIDA, SIEMPRE DEBE PREPARAR LA MESA
PARA ESCOLTAR AL SHABAT CUANDO PARTE.

(SHULJAN ARUJ, ORAJ JAIM 300:1)

AL IGUAL QUE CON CADA UNA DE LAS TRES COMIDAS DEL SHABAT,
ES COSTUMBRE COMENZAR EL MELAVE MALKA CON UN SALUDO
DE RECONOCIMIENTO A LA PRESENCIA ESPIRITUAL
EN CUYO HONOR SE CELEBRA ESTA COMIDA.
NUESTRO INVITADO EN ESTA CUARTA COMIDA ES EL REY DAVID;
LOS TRES PATRIARCAS, ABRAHAM, ITZJAK Y IAACOV SE UNEN A ÉL.

Preparad la fiesta de la fe perfecta, la alegría del Santo Rey.
Preparad la fiesta del Rey.
Esta es la fiesta de David, el Rey ungido.
Abraham, Itzjak y Iaacov
vienen a unirse con él.

Aunque el Shabat ya ha partido, nuestra odisea del Shabat aún no está completa. Debemos llevar la santidad del Shabat hacia los días de la semana y elevar la mentalidad cotidiana de nuestras vidas con la conciencia superior que hemos obtenido en el séptimo día.

Con la aparición de las primeras estrellas del sábado, parte la Reina Shabat, que tanto agració nuestros hogares y nuestros espíritus. A no ser que podamos retornar al mundo del "mercado" armados con la conciencia superior del Shabat, nos resultará difícil durante toda la semana mantenernos centrados en los aspectos más sutiles y espirituales de la vida. A menos que podamos traer espiritualidad a la dimensión física, estaremos forzados a liberarnos de las tentaciones y demandas del mundo material que comienza a resurgir con la inevitable reaparición de la semana.

Para la mayoría de nosotros, imbuir nuestras vidas diarias con niveles superiores de conciencia es una batalla muy ardua. Inspirar nuestra acelerada mentalidad de la semana con la tranquilidad del Shabat, transportando la santidad única del séptimo día dentro de la mundanalidad de la realidad cotidiana, requiere de toda la motivación, de toda la energía y de toda la habilidad que podamos juntar.

Nadie fue más efectivo en esto que el Rey David, el guerrero espiritual por antonomasia. Bajo todas sus batallas, tanto personales como militares, David percibió la lucha más profunda del espíritu. Sus enemigos más temidos eran aquéllos que no sólo buscaban la destrucción de su cuerpo sino la aniquilación de su alma. Estas eran las fuerzas más elementales que podían minar su espiritualidad, que le impedirían santificar lo secular y darle santidad a lo mundano - que es lo que David tenía en mente cuando compuso los salmos, orando para que Dios lo librase de las maquinaciones de sus enemigos.

La Kabalá enseña que David, el rey de Israel, es la personificación de *Maljut*, la *sefirá* (emanación Divina) a través de la cual se disemina en el universo la Soberanía de Dios. La función de *Maljut* es servir como receptáculo para atraer la Luz de la Esencia Divina hacia el mundo de la forma física.

Maljut, que media entre lo terrestre y lo Divino, transmuta la Luz y la vuelve forma, permitiendo su expresión en la tierra. Y mientras que éste es el propósito por el cual Dios creó las emanaciones Divinas y *Maljut* en particular, la expresión material y su transformación en manifestaciones terrestres constituye un descenso hacia el ámbito de lo físico con todos los peligros que esto trae aparejado. De modo que David, como la encarnación de *Maljut*, no podía ser menos que el guerrero espiritual perfecto, pues su tarea era transmitir la luz de la conciencia espiritual superior hacia las batallas cotidianas de la vida.

Afirma el *Zohar* I:248b:

La Carroza de Dios tenía tres ruedas – Abraham, Itzjak y Iaacov. El Santo, bendito sea, le agregó entonces al Rey David como la cuarta rueda, y la Carroza Divina quedó completa.

En la metáfora del *Zohar*, la Carroza simboliza el vehículo mediante el cual se "transporta" la gloria de Dios desde Sus ámbitos ocultos - allí donde es absolutamente desconocido e inconcebible - hacia el ámbito donde Él permite ser visualizado por aquéllos que son dignos de ello. Debido al hecho de que los tres Patriarcas se habían transformado en vehículos para la revelación de Dios en el mundo, llegaron a personificar las tres "ruedas" de Su Carroza. Pero no fue sino hasta que Dios incluyó al Rey David, como la cuarta "rueda", cuando se completó el vehículo para transportar hacia este mundo la Luz de la Divina Esencia.

Cada una de las tres comidas del Shabat está asociada con uno de los Patriarcas, cuyas notables cualidades específicas le dan a cada comida su ambiente distintivo. La dominante influencia de Itzjak agracia la comida de la noche del viernes, dándole sus rasgos de contención y receptividad y el modo instrospectivo de relacionarse con el mundo. El aura de Abraham embalsama la comida de la mañana del Shabat; su rasgo de apertura hace vibrar la atmósfera con su modo activo y expansivo. Las energías de Iaacov realzan la comida de la tarde del Shabat y le infunden su cualidad de equilibrio y el modo integrador a través del cual es posible descubrir la unidad de todo.

La cuarta comida del Shabat es *Melave Malka*, la comida que celebramos para escoltar la partida de la Reina Shabat. *Melave Malka* es también la primera comida de la nueva semana. Es por tanto apropiado que esta cuarta comida sea la fiesta del Rey David. Al unirse Abraham, Itzjak y Iaacov con David, se completa la Carroza que transporta a Dios hacia el hombre, que transmite la santidad del Shabat hacia los seis días de la semana, que extiende hacia nuestras vidas cotidianas la conciencia superior que obtenemos el séptimo día.

Cuando nos sentamos a comer la cuarta comida del

Shabat, recitamos un saludo reconociendo al Rey David como el canal a través del cual atraemos lo espiritual hacia la dimensión física y recibiéndolo como la presencia espiritual en cuyo honor se celebra la comida de *Melave Malka*: *"Preparad la fiesta de la fe perfecta... Esta es la fiesta de David, el Rey ungido"*. **VII**

EL SABOR DIARIO DEL SHABAT

No es suficiente experimentar el Shabat sólo una vez por semana. Debemos tratar de experimentar sus delicias trascendentes y su alegría también durante cada uno de los seis días de la semana. Si la recompensa Divina ha sido diferida hasta mañana es señal de que hoy no se ha servido a Dios plenamente.

Likutey Moharán I, 5:2

FUENTES

I. SHABAT: LA ENTRADA

1. *Likutey Moharán* I,23; ibid. I, 86
2. *Likutey Halajot, Keriat HaTorá* 6:30
3. *Likutey Moharán* I, 82; *Likutey Halajot, Shejitá* 2:2
4. *Likutey Halajot, Guerim* 3:24
5. *Likutey Halajot, Betziat HaPat* 5:9,10
6. *Likutey Moharán* II, 72; *Likutey Halajot, Tefilín* 6:4
7. *Najat HaShuljan, Oraj Jaim* #261
8. *Likutey Halajot, Shelijut veHarshaa* 4:14
9. *Likutey Halajot, Periá veReviá* 3:29; ibid. *Ishut* 4:3
10. *Likutey Halajot, Keley Behema* 4:4,5,7
11. *Likutey Halajot, Periá veReviá* 3:29

II. SHABAT: LA NOCHE

1. *Likutey Halajot, Dainanim* 3:24
2. *Likutey Halajot, Maajaley Akum* 3:2, 7
3. *Likutey Halajot, Eruvey Tejumin* 5:41
4. *Likutey Halajot, Umnin* 4:32
5. *Likutey Halajot, Keley Behema* 4:11
6. *Likutey Halajot, Keley Behema* 4:11; *Likutey Moharán* I, 79
7. *Likutey Moharán* I, 52; *Iekara DeShabata* I, 61
8. *Likutey Halajot, Shabat* 6:1
9. *Likutey Halajot, Maajaley Akum* 2:1
10. *Likutey Halajot, Milá* 4:10
11. *Likutey Halajot, Betzia HaPat* 5:9
12. *Likutey Halajot, Jakirut veKablanut* 1:34
13. *Sabiduría y Enseñanzas del Rabí Najmán* #155
14. *Likutey Halajot, Eruvey Tejumin* 4:3
15. *Najat HaShuljan, Oraj Jaim* #261

III. SHABAT: LA MAÑANA

1. *Likutey Moharán* I, 6; *Likutey Halajot, Shabat* 7:7
2. *Likutey Halajot, Eruvey Tejumin* 4:3; ibid. *Tefilín* 7:13
3. *Likutey Halajot, Nesiat Kapaim* 5:27
4. *Likutey Halajot, Kriat HaTorá* 6:28
5. *Likutey Halajot, Rosh Jodesh* 5:10
6. *Likutey Moharán* II, 7; *Iekara de Shabata* II, 5
7. *Likutey Moharán* I, 60; *Likutey Halajot, Shabat* 1 y 7:4

IV. SHABAT: LA TARDE

1. *Likutey Moharán* II, 2:6
2. *Likutey Halajot, Kriat HaTorá* 6:21
3. *Likutey Moharán* I, 6; *Likutey Halajot, Shabat* 7:4
4. *Likutey Moharán* II, 7; *Likutey Halajot, Pidion Bejor* 5:16

V. SHABAT: LA SALIDA

1. *Likutey Halajot, Pikadon* 2:2; ibid. *Mekaj U-Mekbar* 4:16
2. *Likutey Halajot, Jalá* 2:2; ibid. *Rebit* 5:*rashei perakim*
3. *Likutey Halajot, Maajalei Akum* 2:1,11
   a. *Likutey Halajot, Maajalei Akum* 2:11
   b. *Likutey Halajot, Birkat HaReaj* 1:2
   c. *Likutey Halajot, Jol HaMoed* 4:10-11
4. *Likutey Halajot, Hiljot Milá* 4:15
5. *Likutey Moharán* II, 101; *Likutey Halajot, Maajaley Akum* 2:1

GLOSARIO

Adam - ser humano.

Amidá - plegaria de devoción silenciosa, recitada en cada servicio diario.

Atika Kadisha - "El Santo Anciano"; la entidad espiritual a través de la cual se manifiesta la Voluntad Suprema de Dios, correspondiente a la emanación Divina de Keter (ver más abajo).

Biná - entendimiento.

Jakal Tapujin Kadishin - "el Huerto Sagrado"; se refiere a la Presencia inmanente de Dios (ver Shejiná), correspondiente a la emanación Divina de Maljut (ver más abajo).

Jalá - pan especial del Shabat.

Jojmá - sabiduría.

Daat – comprensión.

Dinim - "juicios"; aplicación de la justicia y del castigo.

Ein Sof - el Infinito.

Emuná – fe.

Gan – jardín.

Haftará - selección de un libro de los profetas que se lee en la sinagoga durante la mañana del Shabat.

Halajá - el corpus de la ley judía.

Havdalá - separación; ceremonia que concluye el Shabat.

Hitbodedut - meditación en reclusión y plegaria personal a Dios realizada en voz audible.

Kabalá - recibir; nombre de la tradición mística judía.

Kabalat Shabat - plegaria de la noche del viernes dando la bienvenida al Shabat.

Kavaná - concentración; intención.

Kedushá - Himno de santificación recitado en la plegaria de musaf del Shabat.

Keter - la emanación Divina de la "Corona" de Dios.

Lejem Mishne – dos hogazas de pan; "una porción doble".

Maariv - la plegaria de la noche.

Maljut - la emanación Divina a través de la cual se disemina en el universo la Soberanía de Dios.

Melajá - labor creativa; treinta y nueve categorías de "trabajos" prohibidos durante el Shabat.

MELAVE MALKA - la "cuarta" comida del Shabat.

MENUJÁ - descanso y reposo; implica un profundo sentido de tranquilidad y de armonía.

MIKVE - baño de purificación ritual.

MINJA - la plegaria de la tarde.

MITZVÁ - mandamiento, de origen bíblico o rabínico.

MUSAF - plegaria adicional recitada durante el Shabat por la mañana.

NAHAR – río.

NESHAMÁ ITERÁ - "alma adicional"; la medida extraordinaria de santidad que trae el Shabat.

ONEG - deleite; placer físico disfrutado durante el Shabat.

RABEINU - nuestro maestro.

SEFIRÁ (pl. SEFIROT) - cualquiera de las diez emanaciones Divinas creadas por Dios para dirigir el universo.

SHAJARIT - la plegaria de la mañana.

SHAMOR - "guardar"; el mandamiento de observar el Shabat.

SHEJINÁ - la Presencia inmanente de Dios; el aspecto "femenino" de lo Divino.

SUKÁ - cabaña o tienda.

TARGUM - traducción; traducción en arameo de la Torá.

TEFILÍN - filacterias.

TESHUVÁ - arrepentimiento; un acto de autotransformación y curación.

TIFERET - la emanación Divina de "belleza".

TIKÚN OLAM - la rectificación del mundo; la transformación social y espiritual del mundo.

TZADIK (pl. TZADIKIM) - persona recta y justa.

TZIMTZUM - constricción; la "contracción" de la Luz Infinita de Dios.

ZAJOR - "recordar"; el mandamiento de recordar el Shabat.

ZEMIROT - canciones especiales para la mesa del Shabat.

ZEIR ANPIN - "El Rostro Menor"; la entidad espiritual a través de la cual se manifiesta la Divina Providencia, correspondiente a las seis emanaciones Divinas incluidas en Tiferet (ver arriba).

ZOHAR - El Libro del Esplendor; el texto básico del misticismo judío.

* * *